「アウンサンスーチー政権」のミャンマー

民主化の行方と新たな発展モデル

永井 浩
田辺寿夫
根本 敬
［編著］

明石書店

はじめに

アウンサンスーチーに象徴される国、ビルマ（ミャンマー）。この国はいま、新たな国づくりに向けて、どのような歩みを続けているのか。本書はその答えを、研究者とジャーナリストがそれぞれの強みを生かしながら多面的に示したものである。

2011年3月、23年間もの長期にわたった軍事政権が終わりを告げ、民政移管が宣言された。元軍政ナンバー4だったテインセインが大統領となり国を率いた5年間、ビルマでは世界が注目する大きな変化が進んだ。アウンサンスーチーが政治的自由を回復し、政治犯の多くが解放され、米国とEUとの関係改善が進み、経済改革が様々になされたのである。

しかし、そうした一連の変化は、見方を変えれば、軍政期の大幅な「負の状態」から、「普通の（国の）状態」に回復する歩みとしてみなすことができる。少なくとも、この国が長期にわたって抱えている様々な難問を解決に向かわせる「プラスの状態」への変化とまでは言えなかった。

2015年11月の総選挙ではテインセイン大統領の与党が大敗し、アウンサンスーチー率いる国民民主連盟（NLD）が圧勝した。翌2016年3月末にスタートした新政権は、アウンサンスーチーが「大統領より上の存在」と明言した国家顧問に就任、正副大統領と全ての閣僚に助言ができる法的権限を獲得した。これは彼女の大統領就任が軍のつくった憲法の制約のために認められず、やむを得ず採用した苦肉の策である。自分が大統領としてリーダーシップを発揮することを国民が期待していることを理解した彼女は、あえてこうした手段をとった。

それから5ヵ月、2016年8月現在、アウンサンスーチーへの国民の強い支持に変化は見られない。ビルマはいまや、独裁体制から民主化へ移行した成功事例として語られるようになっている。しかし、変化の実態や、そこに至るまでの苦難の過程、また独立以来抱え続けている諸問題について、あらためて冷静な検証が求められよう。大恋愛の末の結婚が必ずしもその後の幸せな夫婦生活を保証しないように、長期にわたって国民が求め続けた「アウンサンスーチー政権」の実現も、この国のバラ色の民主化を自動的に保証するものではないからだ。

新政権は間違いなく荒波に向かって船出した。憲法で立法府や行政府への介入が認められている国軍との複雑な調整、その憲法自体の改正、60年以上にわたる少数民族問題の克服、経済開発の推進と貧困の解消、官僚制の再構築、教育の刷新、農業の近代化、国民の保健衛生の改善、一部仏教僧侶による反イスラーム言説の抑制など、直面する課題は枚挙に暇がない。

本書は国民の期待を背負って船出したこの「アウンサンスーチー政権」について、これまでビルマと深く関わってきた7人の執筆者が、多様な角度からアプローチし、その特徴について論じている。7人のうち3人は研究者、4人はジャーナリストである。各人の分析は共通する部分も多いが、微妙に、そしてときに大きく異なるところもある。表現の仕方もそれぞれである。しかし、3人の編著者（永井浩、田辺寿夫、根本敬）はそうした異なる部分の調整を試みることをしなかった。各章の執筆者は長年にわたって培った独自のビルマ観を持ち、この国が抱える問題をそれぞれの知的個性を持って具体的に調べ指摘している以上、それらは尊重されるべきだと思うからである。国名表記も「ビルマ」

「ミャンマー」のいずれを用いてもかまわないものとし、地名や人名のカタカナ表記も最低限の統一にとどめた。以下、各章の概要を紹介したい（敬称略）。

第1章は、現役の朝日新聞ヤンゴン支局長の五十嵐誠によるアウンサンスーチー政権の紹介である。新政権の「生い立ち」を詳細に追ったうえで、政権が重点的に取り組む課題について軍との関係に触れながら描き、特に改憲をめぐるNLD（国民民主連盟）と国軍との攻防や、少数民族問題をめぐる駆け引きについて具体的に論じている。ビルマ語を自由に操れる稀有な特派員としての有利な立場を生かした直球勝負の分析である。

第2章は、ビルマ民主化運動のおおもと（序幕）となった1988年の全土的反体制運動について、その当時、在ビルマ日本国大使館の専門調査員としてヤンゴンに滞在し、目の前で展開された運動を日々必死に追った伊野憲治（北九州市立大学基盤教育センター教授）による回顧と分析である。英領植民地時代の農民叛乱の研究で学位を取った地域研究者らしく、学生と庶民の視線から民主化運動初期の盛り上がりを的確に描いている。

第3章は、日本電波ニュース社を経て、その後アジア・ウォッチの代表として幅広く取材を続けてきた宇崎真によるビルマ軍政の紹介である。取材が難しい軍政内部に独特の方法を駆使して接近し、この国の改革に大きな影を落とす軍とクローニー資本家との生々しい関係を明らかにしている。通常の大手メディアが報道できなかった部分に、ジャーナリストとして可能な限り肉薄した貴重な分析である。

第4章は、経済学者としてビルマの村を30年にわたってきめ細かく調査してきた髙橋昭雄（東京大学東洋文化研究所教授）による農村の社会変容の分析である。政府統計に依拠するのではなく、それを参照しつつも、自らが継続しておこなってきた農村調査の成果を生かし、マクロとミクロの両方の視点からビルマ農村の特徴をあぶりだしている。そこでは一万人を超す農民へのビルマ語を駆使した聞き取りの成果が生かされている。

第5章は、ビルマ近現代史を専門とする根本敬（上智大学総合グローバル学部教授）による日本とビルマの関係を歴史的に描いたものである。両国の関係史に見られる特徴を、特に日本人が忘れてはならないアジア・太平洋戦争期の負の関わりを軸に紹介し、そのうえで戦後の両国関係の推移と、新政権が抱える課題に対する日本の支援について、これまでの日本の対ビルマ外交の長所と短所それぞれに触れながら論じている。

第6章では、日本で祖国の民主化運動と在日同胞の相互扶助を推し進めてきたビルマ人活動家の歩みを軸に、在日ビルマ人社会の「いま」を追っている。シュエバというビルマ名を持ち、ビルマ語を日本語と同じように使いこなし、日本で一番深くビルマ人活動家たちと交流してきた田辺寿夫（元NHK国際局ビルマ語放送ディレクター）による生き生きとした記述を通じ、彼らの波乱万丈な人生と、現在の祖国に対する見方が伝わってくる。

第7章では、元毎日新聞記者で、1990年代後半に国際的に注目された「アウンサンスーチー ビルマからの手紙」の新聞連載を実現させた永井浩（神田外語大学名誉教授）が、ビルマの民主化問題を国際社会との関係の中で論じている。アウンサンスーチーの政治理念にも触れ、ビルマが新たな

「発展のモデル」となり得るか、その可能性を探っている。本書のまとめ的な役割を担う章でもある。

各章には同じ筆者によるコラムが付されてある。トリビア的な話から、より奥深いビルマ認識へと読者を導くものまで含まれており、合わせて読んでいただきたい。

３人の編著者は１９９６年以来、共に市民団体「ビルマ市民フォーラム」で交わりを深めてきた。同フォーラムはすでに活動を終了しているが、18年間にわたって在日ビルマ人と日本人が一緒にビルマの政治や文化、民族問題などを真剣に考え、共に行動してきた意義は大きい。このような本をまとめることが可能となった日が来たことを心底喜ぶとともに、今後のこの国の真の安定と繁栄を祈ってやまない。

根本　敬

目次

「アウンサンスーチー政権」のミャンマー
——民主化の行方と新たな発展モデル

第1章

アウンサンスーチー政権の挑戦

――国民の期待と改革への課題

五十嵐　誠（朝日新聞ヤンゴン支局長）

はじめに

2016年3月30日、ミャンマーで民主化運動を長年率いてきたアウンサンスーチー氏が党首を務める国民民主連盟（NLD）主導の新政権が発足した。軍事政権下で定められた2008年憲法の規定で、亡夫や2人の息子が英国籍のスーチー氏は大統領になれないが、代わりに1990年代からともに活動してきた側近のティンチョー氏が大統領に就任した。国軍が政治の実権を握ってきたミャンマーで、軍出身でない文民が民主的な手続きを経て政権のトップに就くのは実に半世紀ぶりだ。大統領に就任しなくても、絶大なカリスマ性を持つスーチー氏が新政権を実質的に率いることは明白で、多くの国民が待ち望んだ「スーチー政権」が現実になった歴史的な日となった。

だが、この日、国内で祝賀ムードはあまり感じられなかった。NLDが大勝した前年11月の総選挙で、NLDが国会の議席を総なめにした最大都市ヤンゴン。スーチー氏の支持者はかなり多いはずだが、喜びを表現する市民の姿はほとんど見られなかった。ごく一部の自転車タクシー「サイカー」がお祝いとして「運賃無料」を宣言した程度で、有名な仏塔シュエダゴンパゴダの北側にあるNLD本部も、市民の憩いの場インヤー湖のほとりにあるスーチー氏の自宅前も、普段通り閑散としていた。テインセイン前大統領の改革により、輸入規制が緩和された中古車の急増で日々悪化する街なかの渋滞も相変わらずだった。

それにしても、なぜ、ミャンマー史上大きな節目となるこの日を人々は冷静に迎えたのだろうか。

2016年3月30日、首都ネピドーの国会で大統領就任の宣誓を終え、大統領公邸に向かうティンチョー氏（五十嵐誠撮影）

もちろん、4ヵ月以上前に実施された総選挙でNLDが国会の過半数を制した時から、政権交代が行われることはわかっていたということが理由の一つとして考えられるだろう。ただ、市民がお祭り騒ぎにならずに平静に過ごしてきたのは、総選挙の直後からだった。1988年にネーウィン元将軍らによる一党独裁体制に対する民主化運動がミャンマー全土で盛り上がってから28年。ようやく実現したスーチー政権の誕生に対する人々の反応にやや「拍子抜け」した私は、いろんな人にその理由を聞いた。

「心の中ではみんなうれしい。でも、いまはまだ喜びを表現するにも注意が必要なんだ。軍が市民に植え付けた不信感は消えていない。それに、民主主義を実現するというゴールにはまだたどり着いていない。国民はこれからも努力し続けなければならないことを知っている」。88年の民主化運動で中心的な役割を果たした元学生らのグループ「88年世代平和と開かれた社会」に所属する活動家ミャエーさんの説明だ。こういう話をしてくれる人が多かった。ヤンゴンで旅行会社を経営する私の友人も根っからのスーチー・ファンだが、「自分のうかつな行動のせいで、ようやく成し得た政権交代を台無しにしたくない」と話していた。総選挙での勝利をはしゃぎ立てて、国軍をはじめとする旧軍政勢力を刺激したくないという趣旨だ。スーチー氏自身も総選挙の翌日にNLD本部で行った演説で、「いまは注意深く振る舞うことが必要だということを国民は知っていると思う。（中略）のんびり静かに過ごしてほしい」と呼びかけた。

まさに、こうした市民感覚こそがスーチー氏が解決しなければならない課題を明らかにしているように私には思える。長く政治を支配した軍が、ともすれば再びクーデターなどによって権力を握れると多くの人々が信じている状況を、スーチー氏が変えられるかどうかだ。後述するように、軍事政権から権力を引き継いだテインセイン政権の改革は、「上からの民主化」だった。上からの民主化は、「上」がすべての権力を手放さない形で行われる。ミャンマーの場合も例外ではなく、2016年3月末の時点では国軍が強大な権限を手中に収めたままだ。これに対し、「下から」の望みを一身に受けるスーチー氏が、民主化をさらに前進させられるかにこの国の政治の将来がかかっている。

さらに、半世紀にわたる軍による支配は、人々の暮らしに直結する社会や経済の分野に様々なひずみを残した。テインセイン政権下でも、政府の意に沿わない住民運動や政治的なデモに参加した人々は逮捕・起訴、投獄された。自治の拡大や権利の擁護を求める少数民族武装組織の活動が続き、ミャンマー北部を中心に内戦はやんでいない。西部ラカイン州に暮らすイスラム教徒のロヒンギャの問題に代表される民族や宗教をめぐる偏見や差別も市民の間に広がりを見せている。軍政下で教育は軽視されたが、特に大学は反政府運動の拠点と見なされ、高等教育のレベル向上にはほとんど目配りされず、人材育成が急務になっている。政府機関には賄賂がはびこり、省庁ごとの縦割り行政の弊害も著しい。経済成長の陰で貧富の格差は広がっている。スーチー政権が取り組むべき問題は、「民主化」以外の分野でも山積みと言える。

この章ではまず、テインセイン氏が2011年の民政移管後に始めた改革路線のなかで、スーチー氏らが総選挙に勝利し、新政権を発足させるまでの政治的な動きを振り返りながら、民主化という側面から最大の懸案になる憲法改正の行方について考える。そして、スーチー氏が新政権発足後のミャンマー新年に行った所信表明の演説などを参照しつつ、分野ごとにスーチー政権に対する国民の期待と改革への課題を見ていきたい。

1　テインセイン前大統領による改革の進展と限界

テインセイン氏が大統領に就任した2011年3月時点で、その後数年間に起きた大きな変化を予想していた人はどれだけいただろう。僧侶が中心となった反政府デモを軍政が銃を使って弾圧し、現場取材中だった日本人ジャーナリスト長井健司さんらが殺されてから3年半しかたっておらず、デモ当時も軍政の幹部で、首相代行（その後、首相に就任）として行政の実務を担っていた元陸軍大将のテインセイン氏が、一転して意味のある改革を進めるとは多くの国民も思っていなかった。

だが、テインセイン氏は大方の予想を裏切った。同年8月にスーチー氏と首都ネピドーで会談し、政治的な見解の相違を棚上げにして、国民の暮らしを豊かにするためとして協力を取り付けた。9月には、環境破壊や人権侵害につながるとしてNLDも批判し、国民から反対の声が上がっていた北部カチン州のミッソン・ダム水力発電開発計画を5年間の自身の任期中は凍結する方針を示した。ダムの開発計画は国際社会で孤立した軍政を支えた中国の企業が中心になって事業を行っており、テインセイン氏は中国一辺倒の外交政策を見直す姿勢も同時に示した形になった。10月には軍政時代に投獄された政治犯の釈放を始めた。11月には政党登録法を改正して、前年2010年の総選挙をボイコットしたことで「解党処分」になっていたNLDが翌年の国会補欠選挙に参加できるよう道筋を付けた。こうした取り組みを受けて、11月から12月にかけて、クリントン米国務長官（当時）がミャンマーを訪問し、テインセイン氏やスーチー氏らと会談した。米国の国務長官の訪問は1955年以来56年ぶりだった。

こうした初期の改革を振り返ると、テインセイン氏が軍政時代から対立してきた民主化勢力および人権侵害を糾弾してきた米国や欧州をはじめとする国際社会との関係改善を模索していたことがわかる。テインセイン氏ら旧軍政幹部も、軍政末期の状況に危機感を持っていたと言える。1948年の独立当初、ミャンマーは東南アジアで最も豊かな国と評されたというが、1人あたりの国内総生産（GDP）は、遅くても1990年代には東南アジア諸国連合（ASEAN）加盟10ヵ国中最下位に転落した。2000年代に入ってアンダマン海で見つかった天然ガス田の生産が軌道に乗ると、輸出先の隣国タイなどから多額の外資がもたらされることになるが、成長率の押し上げには限界があった。天然ガスの生産量もいずれ頭打ちになることが予測され、継続的な経済成長を成し遂げるには外資の呼び込みが必要だった。そのためには、米欧による経済制裁の解除が不可欠だった。

さらに、２０００年代中頃から米欧はミャンマー軍政に対する圧力を強めた。２００７年の反政府デモの弾圧によって国際社会からの風当たりはいっそう強まり、国連安全保障理事会でミャンマー軍政を批判する初の議長声明が出された。外交的な孤立を深めるなか、軍政は安保理で拒否権を持つ中国への依存を深めていった。その結果、軍政は中国の要請に応じざるを得ない状況に追い込まれていく。ミッソン・ダム水力発電事業のほか、インド洋に面するミャンマー西部チャウピューから中国・雲南省に天然ガスや石油を運ぶパイプライン事業、パイプラインに並行する鉄道整備事業、中部モンユワ郊外のレッパダウン銅山開発事業など、巨大権益が中国に次々と与えられた。中国の影響力は日増しに強まっており、中国の「属国」のような地位に陥ることを防ぐためにも、米欧や日本との関係改善を図り、外交上のバランスを回復することが必要だった。

このような「状況証拠」から、テインセイン氏が改革を始めた動機を推察することが可能だ。さらに、２０１２年以降の展開を見ると、こうした推論がある程度、当たっていそうなことがわかる。軍事政権下で定められた２００８年憲法は、大統領や閣僚などの政府の要職に就任した国会と地方議会の議員は、就任と同時に議員の地位を失うと規定する。これによって生じた空席を埋めるために行われた２０１２年４月の補欠選挙にスーチー氏率いるＮＬＤが参加し、小選挙区制で争われた国会上下院計43議席と地方議会２議席の計45議席のうち、国会で41議席、地方議会で２議席の計43議席を獲得する圧勝をおさめる。スーチー氏は下院議員に当選するが、補欠選挙への参加は鋭く対立してきた軍政がレールを敷いた2008年憲法に基づく体制を現実として認めたうえで、体制の内側から民主化をめざす路線に転換したことを意味する。NLDの創設メンバーの一人でベテラン・ジャーナリストだった故ウィンティン氏（2014年に死去）は当時、私の取材に「ここで動かなかったら、列車に乗り遅れる」と話していた。

2010年の総選挙をボイコットしたスーチー氏が一転して体制を認めたことで、テインセイン政権が存在することに対して国内から異議が唱えられる可能性はほぼなくなった。言いかえれば、テインセイン政権は、国民の間に政権を支持しない人たちがいるにしろ、国を支配する正当性を盤石にすることに成功した。さらに、スーチー氏ら民主化勢力を支援してきた米欧から制裁解除を引き出すことにもなった。米国は、2012年9月までに一部個人や団体を対象にするものや宝石類の禁輸措置などを除いて、ほとんどの経済制裁を解いた。そして、オバマ米大統領が同年11月に米国の現職大統領として初めてミャンマーを訪問し、援助の再開を表明した。欧州連合（EU）も2013年4月に武器禁輸措置を除くすべての制裁を解除した。

ただ、制裁解除の達成と軌を一にして、日本を含む外国企業のミャンマー進出は加速していった一方で、テインセイン氏の政治面での改革は足踏みを始める。出版物の事前検閲の廃止を受けて、2013年4月に民間の日刊紙がほぼ半世紀ぶりに復活したが、その後はさらなる民主化につながるような施策が目立たぬようになった。スーチー氏は2014年11月に行った記者会見で、テインセイン氏の改革について、「前進しているとは思わない。後退しているとも思わないが、ここのところ失速している」などと特に前年以降、めぼしい成果がないと痛烈に批判した。背景にあるのが、スーチー氏

2014年11月にヤンゴンのNLD本部で開いた記者会見で話をするアウンサンスーチー氏（五十嵐誠撮影）

が民主化に不可欠と訴えた2008年憲法の改正をめぐるテインセイン政権の対応だ。言論や政治に関わる自由を軍政時代から格段に広げたテインセイン氏だが、改憲の議論が進むにつれて軍が政治に関与する体制をすぐには変革するつもりがないことが浮き彫りになっていった。

2　憲法改正とNLD

「今の憲法は民主主義の規範に合わないことがわかる。例えば、国民が選んだ人たちが国を支配するというのが民主主義の基本だが、選挙で選ばれない議員が全体の25％を占めていることは皆さんも知るところだ」。2012年4月に行われた国会補欠選挙に向けた政見放送。軍政時代に軍のプロパガンダを流し続けた国営テレビに映し出されたスーチー氏は、NLDの赤い党旗の前でそう訴えた。選挙運動でNLDは三つの公約を掲げたが、「法の支配の確立」「国内和平の実現」と並んで強調されたのが、「2008年憲法の改正」だった。民主化を達成するには、軍事政権がつくった憲法の改正が不可欠というのはスーチー氏のみならず、少数民族を含む多くの国民や外国人専門家らの共通認識と言える。

軍事政権は仮に民主化勢力が将来の総選挙に勝利して政権を取ったとしても、軍が政治の実権を握り続けられる仕組みを憲法に組み込んだ。国会（上下院定数計664）と14の州・管区に設置された地方議会の4分の1の議席は、国軍最高司令官が選任する軍人議員で占められる。国会で選出される大統領と副大統領2人の計3人のうち1人は軍人議員団が選べるので、事実上、最高司令官に選任権限がある。最高司令官には国の防衛や警察による治安維持を担う国防、内務、国境の3閣僚を指名する権限もある。さらには、国防や治安に関する最高意思決定機関、国家国防治安評議会の11人のメンバーのうち、過半数の6人は最高司令官をはじめとする国軍系の人物で占められる（表1参照）。最高司令官の任命は大統領が行うが、国防治安評議会の提案と承認が必要と規定されるので、最高司令官は自分の後任を選ぶこともできる。非常事態が発生した場合には国防治安評議会での調整を経て、大統領が全権を最高司令官に最長2年間委任することを定めた規定もある。そして、そもそも軍に対するシビリアンコントロール（文民統制）が欠如している。多くの民主主義国家では、軍のトップは行政府の長である大統領や首相だが、2008年憲法下のミャンマーで、軍の頂点に立つのは文字どおり最高司令官である。

このように国軍最高司令官に対して、国家元首である大統領に匹敵するような強大な権限を与える一方で、2008年憲法には軍事政権と対立してきたスーチー氏を狙ったと思える条文がある。正副

表１　国家国防治安評議会のメンバー

（※印が国軍系）

大統領
※副大統領（軍人議員団が選出）
副大統領
下院議長
上院議長
※国軍最高司令官
※国軍副司令官
※国防相（国軍最高司令官が指名）
外相
※内務相（国軍最高司令官が指名）
※国境相（国軍最高司令官が指名）

大統領の資格を規定した59条Ｆ項だ。この条項は、配偶者や実子、実子の配偶者らが外国籍の人物は正副大統領の資格がないと規定する。スーチー氏は１９９９年に亡くなった夫のマイケル・アリス氏、長男のアレクサンダー氏、次男のキム氏らが英国籍だ。軍側は「外国の影響を受ける可能性がある人物を国のトップに就かせるわけにはいかない」として、スーチー氏だけを念頭に置いたわけではないと説明するが、この規定のせいでスーチー氏は大統領に就任することができない。

そして、４３６条は憲法の改正には、国会議員の４分の3を超える賛成が必要であると規定する。つまり、改憲には国会の4分の1を占める軍人議員の同意が必要となり、事実上、軍に拒否権が与えられている。軍が政治から退くかどうかやスーチー氏を大統領にするかどうかを決められるのは、実際のところ、最高司令官ただ一人というわけだ。

２０１２年の国会補欠選挙で圧勝したスーチー氏は、すぐに憲法の非民主的な条項の改正をめざす意向を明確にした。スーチー氏らＮＬＤの国会当選議員41人全員が、補選直後の4月下旬の国会で議員就任のための宣誓を拒否し、登院しないことを決めたのだ。議員の宣誓文には「憲法を順守する」との言葉があり、これがＮＬＤの基本方針と一致しないというのが理由だった。スーチー氏は「憲法を尊重する」に変更するようテインセイン政権側に打診したが政権側は応じず、メディアからも「Ｎ

LDの主張もわかるが、「国会に議員として送りたいと思って投票した。国民は失望する」（週刊紙「ウィークリー・イレブン」）などとの批判が出た。そのため、軌道を修正して5月1日に国会で宣誓をするが、NLDが国会では議席定数の6％に過ぎない少数派ながら、改憲を訴えていくだろうことを予感させる出来事になった。

3　改憲をめぐる攻防

2013年3月、国会は憲法改正の是非を検討する憲法調査委員会の設置を賛成多数で決める。委員会設置の発議はスーチー氏のNLDからではなく、軍政翼賛組織から2010年の総選挙の前に政党になった与党・連邦団結発展党（USDP）の所属議員によってなされた。軍政の流れをくむUSDPが、スーチー氏らが訴えた改憲を国会の議題に載せた背景として指摘されたのが、ミャンマー中部にあるレッパダウン銅山開発をめぐるスーチー氏の対応だ。銅山開発は軍関連企業ミャンマー連邦エコノミック・ホールディングズ（UMEHL）と中国企業、万宝鉱産の合弁事業だが、2012年に住民の反対運動が起き、警官隊との衝突が起きていた。これに対し、テインセイン大統領はスーチー氏を開発の是非を検討する調査委員会の長に任命した。その委員会が2013年3月、住民や環境への配慮を求めながらも事業継続を認める報告書を出した。憲法調査委員会の設置は、軍の利権にも柔軟な姿勢を見せたスーチー氏への「見返り」という見方だった。

ただ、スーチー氏が下院議員に就任してから1年足らずで、憲法改正が国会の議題に載った要因としてより重要だったのは、スーチー氏が与党内に「協力者」を見いだしたことであろう。与党USDPの事実上の党首を務め、下院議長として立法府のトップだったシュエマン氏だ。シュエマン氏は1969年に国軍士官学校（11期）を卒業した後、少数民族カレンの武装組織カレン民族同盟（KNU）との戦闘などで武功を挙げ、ビルマ語で「勇猛さ」を意味する「トゥラ」の称号を与えられた元軍人。軍内では順調に昇進し、1997年に軍事政権・国家平和発展評議会（SPCD）のメンバーに加わり、自らが軍管区司令官を務めたエーヤワディー（イラワジ）管区からNLDを弾圧によって一掃する「NLD撲滅地域」運動を「成功」させて、軍政のタンシュエ議長に認められた。2003年に56歳で大将となり、軍部を取り仕切る統合参謀総長になる。SPDCではタンシュエ氏、マウンエー副議長に次ぐナンバー3の座に上り詰めた。

軍政の中心人物だったシュエマン氏だが、スーチー氏らが国会に初登院した翌月の2012年6月には、スーチー氏と協力する姿勢をうかがわせていた。朝日新聞記者とのインタビューで、NLDについて「野党とは考えていない。国や国民のために協力していきたい。政党間の違いについて議論するのは、その後だ」とし、「憲法が国民の利益にかなっていなければ検討すればよい」と改憲についても柔軟に対応する考えを示していた。実際、シュエマン氏はスーチー氏と協力関係をつくり、それも原因となって2015年8月、治安部隊を使った「与党内クーデター」で、テインセイン氏によってUSDP党首の座を追われる。シュエマン氏は下院議長については2016年1月の任期満了まで務め、スーチー氏との連携を続けた。シュエマン氏は前年の総選挙で落選したものの、スーチー政権下でも国会の特別委員会の委員長を任されるなどスーチー氏と盟友関係にある。

シュエマン氏がスーチー氏に接近した理由の一つとされるのが、シュエマン氏とテインセイン大統領との確執だった。2人は同じ元軍政幹部だが、軍政内での最終的な序列は出世が早かったシュエマン氏が、ナンバー4のテインセイン氏の上司だった。一方で、国軍士官学校の入学年次はテインセイン氏が9期で、シュエマン氏より2年先輩と極めて微妙な関係だった。2011年の民政移管の際、軍政トップのタンシュエ議長は、大統領にテインセイン氏、下院議長にシュエマン氏を選んだが、シュエマン氏は次の大統領への意欲を隠さなかった。2015年に予定されていた総選挙でNLDの躍進が予想されるなか、国民の人気を集めるスーチー氏と関係を築くなかで、大統領になれない彼女に代わって自身の大統領就任への道筋を付けたいとの思惑があったと考えられる。

国会審議の議題に上がった憲法改正だったが、議論はなかなか前に進まなかった。2013年7月に設置された憲法調査委員会は、上下両院の109人の議員で構成された。だが、与党が52人、軍人議員が25人と政権側が多数を占め、議論も与党と軍が主導した。翌年1月に報告書をまとめたが、「ほぼすべての条項に関して様々な意見があり、まとまらない」と指摘し、「何の議論を優先するかを上下院合同の連邦院が決めるべきだ」と記述するにとどまった。その後、憲法改正実現委員会（31議員で構成）が設置されたが、2014年6月にはスーチー氏の大統領就任を阻む59条F項を改正すべきでないと多数決で決めるなど、政権側の「後ろ向き」な姿勢が徐々に明らかになっていった。

与党・軍人議員の圧倒的な数の力の前に、国会内では改憲の実現に有効な手立てを打てなかったスーチー氏が2014年5月に始めたのが署名運動だ。1988年の民主化運動の学生指導者だったミンコーナイン氏らの組織「88年世代平和と開かれた社会」と協力し、軍に改憲に対する事実上の拒否権を与えている憲法の第436条の改正に焦点を絞り、2ヵ月ほどで約500万人分の署名を集めた。だが、署名が国会審議で実質的に取り上げられることはなく、憲法改正実現委員会は2014年10月、59条F項や436条などを改正の是非を検討すべき条文としながらも、「現行通りにとどめるべきだ」との意見を付けた報告書を提出した。報告書で「改正すべき」とされたのは25項目に過ぎず、文言調整がほとんどだった。この報告書をめぐる国会討論でも、軍人議員は改憲反対の姿勢を示した。与党・軍人議員主導の審議では、NLDがいくら国民の支持を背景に訴えても改憲が困難であることがこの頃までには明確になった。

そこで、スーチー氏がめざしたのが、実質的な権限を握るテインセイン氏、シュエマン氏、ミンアウンフライン国軍最高司令官との4者会談だった。憲法改正のかぎを握るミンアウンフライン氏と改憲に消極的なテインセイン氏を直接説得しようと試みたのだった。スーチー氏は2014年11月の記者会見で、「私たちは過去にとらわれない。いかなる組織や人物も敵だと思わない」と述べ、警戒感を捨てて交渉に応じるように訴えた。シュエマン氏は呼びかけに応じる形で、国会でこの問題を取り上げ、上院議長と少数民族政党代表も加えた6者会談を開催するよう政府に求める決議を行い、テインセイン氏らに圧力をかけた。スーチー氏は同年末の記者会見では、翌年に行われる総選挙についても、「選管が選挙日程を公式に発表した段階で参加するかどうかを発表する」と述べ、状況次第では参加を見送る可能性にも言及して、テインセイン氏らに揺さぶりをかけた。

しかし、テインセイン氏は2015年1月にNLD以外の野党の党首らも含む48人が出席する会議を開いてお茶を濁した。会議が大人数になれば実質的な協議にならないのは明らかで、事実上の会談拒否だった。結局、スーチー氏が求めた4人のキーパーソンによる協議は一度も開かれずじまいだった。6者会談は同年4月にようやく開催されたが、「継続協議」を決めたにもかかわらず、2回目は開かれなかった。軍との妥協が得られぬままシュエマン氏に近い与党議員が中心になり、憲法改正案が作られた。だが、改正案では大統領の家族の外国籍要件について「子の配偶者が外国籍」を削除しただけで、スーチー氏の大統領就任に道を開くものではなかった。改憲手続きを定める436条も「議員定数の75％超の賛成」から「70％超の賛成」へと少しだけ緩和するに過ぎないなど、NLDが求めた改憲とはかけ離れたものだった。与党の改憲案は6月から7月にかけて軍人議員らの反対でほぼすべてが否決された。

4　スーチー政権の改憲戦略

憲法改正をめぐる政治的な議論が進む中で、国軍トップのミンアウンフライン氏と軍政から政権を引き継いだテインセイン氏の「改憲はしない」という本音があらわになっていった。ミンアウンフライン氏は2015年8月に私のインタビューに、「ミャンマーに適した民主主義を実践している。憲法が民主化の障害にはなっていない」と主張した。さらに、「ミャンマーは民主主義の経験が浅く、国の平和や安定を損なうことがあってはならない。軍が政治から退く時期がいつかは言えない」などと、当面は軍の政治関与を定めた2008年憲法を改正するつもりがないことを明言した。軍が政治に関わる理由としては、少数民族武装勢力との戦闘が続くなど治安面での懸念があることを挙げ、「恒久的な国内和平が実現するまでは政治から退けないということか」という私の問いに、「その通りだ」と答えた。

2015年11月の総選挙で、スーチー氏率いるNLDは軍人議員枠を含む国会定数の約59％に当たる390議席を得る大勝をおさめた。USDPは41議席の少数野党に転落したので、新国会での改憲手続きに対するテインセイン氏の影響力は大きく低下した。ただ、ミンアウンフライン氏は、政権交代後も最高司令官であり続ける見通しだ。ミンアウンフライン氏は2016年で定年退職の60歳だが、同年5月に記者会見で引き続き最高司令官の座にとどまる意向を明らかにした。「軍人は状況に応じて60歳を超えても任務を負い続けられる」と説明したが、さらなる民主化を訴えるスーチー氏に対し、自分が軍のトップとして向き合う意思を示したと受け止められた。もっとも、ミンアウンフライン氏は記者会見で「（次の総選挙がある）2020年に状況を見極めたうえで、政界に入るかどうか決めたい」と語るなど、「次の政権」を見据えた自身の政治的な野心も隠さなかった。

2015年8月に筆者のインタビューに応じたミンアウンフライン最高司令官（ネーテッゾーウィン氏撮影）

前に述べたように、憲法改正には国会定数の75％超の賛成が必要で、NLDがいくら総選挙で大勝しても軍の協力なくして改正はあり得ない。テインセイン政権時代に改憲を阻んだミンアウンフライン氏が最高司令官にとどまるなかで、スーチー氏はどのように憲法改正を実現しようとしているのだろうか。スーチー氏は新政権発足直後の時点でその道筋を明確にしていないが、2015年総選挙の際のNLDの公約から推察することが可能だ。

総選挙に向けて500チャット（約50円）で売られたNLDのマニフェストは最初の公約をこう記す。「1．少数民族問題と国内和平」。つまり、スーチー氏の最優先課題は1948年のミャンマー独立直後から続く少数民族武装勢力との内戦の終結なのだ。憲法改正は2番目だが、それをこう書き記す。「2．全民族すべての国民が平和に安心して共存することを保障する憲法の実現」。すなわち、憲法は国の平和と安定を保障する形に改正されなければならないということで、具体的には「基本的人権、民主主義の原則に合致していること」「各条文に整合性があること」「少数民族の権利の保障と連邦民主主義国家を実現すること」などと説明している。

ここからわかるのは、NLDが憲法改正を国内和平と結び付けているということだ。ミンアウンフライン氏らが改憲に反対する理由を逆手に取っていると言えるだろう。ミャンマー軍は1962年にクーデターで実権を握った時から、多民族国家のミャンマーで少数民族による武装闘争がやまない状況を背景に、「連邦の分裂を阻止する」という大義名分を掲げて政治介入を正当化してきた。本当の動機は自分たちの利権を守ることかもしれないが、表向きには「国内治安の不安定さ」を公式な理由にしてきたのである。したがって、スーチー氏は国内和平を最優先課題に掲げた。もちろん、戦闘によって多大な犠牲を強いられてきた国境地帯の住民らの安寧が大前提だが、民主化の前進という側面でも内戦の終結によって軍が改憲に立ちはだかる公式な理由を取り除こうという意図がある。

さらに、スーチー氏が改憲と国内和平をリンクさせた背景には、改憲手続きに風穴を開けるという狙いもあると考えられる。憲法改正は国会の20％の議員が賛同すれば、改正案を提出できる。つまり、NLDは今後いつでも国会に改憲案を提出することができる。ただ繰り返すが、改憲には国会定数の75％超の賛成が必要なため、改正案を何度提出しても国会の25％を占める軍人議員が反対すれば改憲は実現しない。テインセイン政権時代に行われた改憲審議の経験が示すように国会内で議論を尽くすだけでは駄目で、軍が改憲案に反対できない状況をつくり出す必要がある。スーチー氏は国内和平のための少数民族との交渉プロセスによって、そういう環境をつくり出そうと考えているようだ。

これにはテインセイン前大統領が進めた少数民族武装勢力との和平協議が下敷きにある。少数民族の政治勢力は国会で活動する政党も非合法とされる武装組織も、ほとんどが２００８年憲法の改正を求めている。同憲法は中央政府の権限が強いため、少数民族側が求める「真の連邦制」にはほど遠いと訴える。テインセイン氏は国内和平を掲げて少数民族武装勢力と交渉を行ったが、「全国規模の停戦協定（全国停戦協定）」の実現を優先する方針をとった。ただ、協定署名が行われれば、少数民族が求める連邦制のあり方や民族間の平等などについて話し合う「政治対話」を行うと約束し、２０１５年10月に政府が武装組織と認める17組織のほぼ半数に当たる8組織との間で全国停戦協定に署名した。そして、２０１６年1月には政治対話の開始が宣言されていた。

テインセイン政権の和平プランでは、この政治対話の結果に基づき憲法が改正されることになっていた。テインセイン氏はこの政治対話を引き延ばすことで、改憲をできるだけ遅らせようと考えていたふしがあるが、それでもこの和平路線には軍も乗っていた。軍も表向きには国内和平の実現を目標に掲げており、これまでも当事者として少数民族側との協議に加わってきた。したがって、スーチー氏が軍を加えた形で少数民族勢力との間で、連邦民主主義体制のあり方に関する合意を成し遂げられれば、軍としてもそれを逸脱することは困難になる。NLDが政権を取ったいま、和平協議はNLD（民主化勢力）、国軍、少数民族というミャンマーの主要な政治勢力が初めて顔をそろえる対話の場となる。対話による解決を訴え続けてきたスーチー氏がここで成果を出せるかどうかが、さらなる民主化の成否を左右することになると言えるだろう。

5　スーチー氏と国内和平

スーチー氏は新政権発足直後に迎えた2016年4月のミャンマー正月に当たり、国民向けのテレビ演説を行った。国内和平に関しては、「私たちは前政権の行ったことをすべてやめるつもりはない。前政権は良いこともしたと認めている。そのうえに、さらにつくり上げていきたい。（前政権が）停戦から始めたことを私たちは非常に評価している。停戦プロセスが完了するように、参加すべき当事者はすべてが加わるよう努力していきたい」と述べた。すなわち、テインセイン政権が始めた全国停戦にすべての武装勢力が加わるよう呼びかけることを当面の課題に設定した。スーチー氏は同月末には、すでに全国停戦協定に署名した8組織と国軍との会議で、未署名の組織を含めたすべての当事者を集めた和平会議を「2ヵ月以内に開くのを手助けしてほしい」と和平問題に早急に取り組む意向を示した。スーチー氏は自分が和平協議の責任者になるとしたが、自身の主治医を長年務めた側近のティンミョーウィン氏を交渉担当者に充てた。

ミャンマー独立以来やむことのなかった内戦をスーチー氏が終結に導くためには、様々な困難なハードルを乗り越えなければならない。まずは、国軍をしっかりと和平プロセスに引き込めるかという課題がある。和平協議が合意に至るには当事者間の「妥協」が必要だが、武装勢力に対して兵力や装備で勝る国軍には、少数民族側に譲歩することに反発が出やすい。少数民族側は最大勢力とされるワ州連合軍（ＵＷＳＡ）ですら、兵力は3万人程度とされ、40万人と言われる国軍には遠く及ばない。国境地域で攻勢をかけているのは国軍側であり、少数民族側の勢力範囲は年々縮小しているのが実情だ。ただ、一方で、ゲリラ戦が得意で戦闘員の士気も高いとされる少数民族側に国軍が悩まされているのも事実である。２０１５年2月に攻撃を仕掛けてきた少数民族コーカンの武装組織ミャンマー民族民主同盟軍（ＭＮＤＡＡ）との戦闘では、国営紙の報道を累計すると、約2ヵ月間で国軍側に少なくとも１２８人の死者と４１９人の負傷者が出た。

テインセイン政権下では、政府側が必要以上に譲歩し過ぎていると軍が感じると、軍は交渉相手である武装勢力に攻撃を加えるなどして協議を事実上妨害してきた。例えば、２０１４年9月に全国停戦協定の交渉は大詰めを迎えたが、軍は一度なし得た合意を覆し、同年11月にはミャンマー北部の中国との国境地帯にある武装組織カチン独立機構（ＫＩＯ）の本拠地ライザに砲弾を撃ち込んだ。砲撃で23人が犠牲になったことに少数民族側が反発し、協議はその後4ヵ月間中断した。軍に対する文民統制が欠如しているなかで、スーチー氏が軍の動きを制御するのは容易ではない。ＮＬＤ政権が軍をコントロールできるかについては、武装勢力も不安視している。少数民族武装組織の連合体、統一民族連邦評議会（ＵＮＦＣ）のトゥンゾー共同事務局長は２０１６年４月、地元メディアに「国軍は新政権に協力していない。和平プロセスが進んでいくか懸念している」と語った。

スーチー氏が乗り越えなければならないもう一つの課題は、少数民族側も一枚岩ではないという事実だ。シャンやカチン、カレンなど少数民族の武装勢力はテインセイン政権が認定しなかったものも含めると全部で約20組織あるが、互いの利害は必ずしも一致していない。特に多くの民族が暮らす北東部シャン州は、和平のかじ取りがもっとも難しい地域と言える。まず、中国国境地帯に支配地域を持つＵＷＳＡと黄金の三角地帯を拠点にする民族民主同盟軍（ＮＤＡＡ）は、テインセイン政権が進めた和平交渉に参加せず、様子見を決め込んでいる。これは国軍と他の少数民族の間で紛争が起きている現状の維持が両組織にとって好ましいと考えているからだとみられている。さらに、２０１５年末からは少数民族武装組織同士の衝突も起き始めている。シャンの武装組織シャン州復興評議会（ＲＣＳＳ）とパラウンのタアン民族解放軍（ＴＮＬＡ）との間で起きた勢力範囲をめぐる戦闘で、多くの避難民を生み出した。

シャン州北部の町チャウメーの丘の上にある僧院を２０１６年3月に訪ねた。仏像が並ぶお堂で郊外の村から戦火を逃れてきた生徒ら約50人が英語の授業を受けていた。生徒らは前月からここで避難生活を送っていた。生徒や村人らによると、村はシャンの人たちが多く住むが、パラウンの村と隣接しており、シャン、パラウン双方の武装組織と国軍の部隊が行き交う「緩衝地帯」だった。ところが、前年末にＲＣＳＳが突然、部隊を駐屯させたという。これに反発したＴＮＬＡの部隊が2月に攻撃を仕掛け、村は戦場になった。この村での戦闘はRCSSが部隊を撤退させたことで、10日ほどで終わったが、その後も2つの武装組織の戦闘はシャン州北部で相次いだ。武装組織間の戦闘が、シャン対パラウンという民族間の対立・衝突につながりかねないと懸念する声も地元の人たちから聞かれた。

ミャンマーでは各民族が入り交じって暮らしている。シャン州だけでもシャン、パラウン、パオ、ワ、コーカンなどの少数民族と国内多数民族のビルマ（バマー）が共存している。中国系やインド系の住民もいるし、複数の民族の血を受け継ぐ人たちも多い。少数民族はほぼ共通して民族の権利や自治権の拡大、真の連邦制の樹立といった主張を掲げている。だが、めざすべき連邦制の具体案が民族の間で必ずしも同じになるとは言えない。パオやワ、コーカンにも自治州を与えることになれば、シャン州は分割されることになり、シャン族の反発が予想される。州の線引きをめぐっても対立が生じる可能性もある。したがって、スーチー氏は各少数民族の要求を包括する形で、ミャンマーの現実的な連邦制の具体像を示さなければならない。極めて複雑で困難な課題であることは間違いない。

6 反イスラム感情の高まりとスーチー氏

2015年総選挙の際に全国各地で勝利を収めたスーチー氏率いるNLDが苦戦した地域が2つある。NLDと同様に軍事政権下で民主化運動を続けた少数民族政党シャン民族民主連盟（SNLD）が善戦したシャン州と西部ラカイン州だ。特にラカイン州では、同州に割り振られた国会上下院計29議席のうちNLDはたった5議席しか取れなかった。勝利を収めたのは少数民族ラカインの政党アラカン民族党（ANP）で、22議席を獲得した。NLDが同州で支持を広げられなかった背景にあるのが、2012年に起きた州内多数派のラカインと少数派のイスラム教徒でロヒンギャを名乗る人たちとの間で起きた民族衝突と、その後の反イスラム感情の高まりだ。

同年5月、同州ではラカイン女性がイスラム教徒とされる男らに暴行され、殺される事件があった。これに対する報復の形で、イスラム教徒のロヒンギャの人たちが乗ったバスがラカインの者たちに襲われ、死者が出た。この2つの事件を契機に、ラカインとロヒンギャの2つのコミュニティの衝突が州内各地に広がり、互いに刃物で切りつけ合ったり、家を焼いたりした。州都シットウェーでも同年6月に衝突が起き、多数の死者と避難民を出した。結局、その年の衝突で約200人が死亡し、14万人が避難民になった。

選挙キャンペーンが始まっていた2015年10月、私はシットウェーを訪ねた。民族間の衝突で家が焼かれた広大な土地は、空き地のままになっていた。驚いたことに、ヤンゴンではあちこちで目にしたスーチー氏の顔写真やNLDの党旗は、ほとんど見つけられなかった。NLDの候補者の看板が市内に2ヵ所立てられていたが、他の地域の立て看板なら決まって候補者と並んでいたスーチー氏の顔写真も、そこにはなかった。市中心部の市場で果物を売っていた50歳の男性に話を聞くと、こう言った。「ここでは誰もスーチー氏を好きじゃない。彼女はイスラム教徒寄りだから」。反スーチー感情がくすぶるなかで、スーチー氏もラカイン民族意識が比較的穏健な州南部は遊説に訪れたものの、シットウェーには足を踏み入れなかった。

スーチー氏が多くのラカインの人たちに「イスラム寄り」と見なされるきっかけとなった出来事が

ある。シットウェーで衝突が起きた2012年6月、ヤンゴンのNLD本部にイスラム教徒の男性が訪れ、スーチー氏に解決を訴えた。これに対し、スーチー氏は「多数派は寛大で同情的であるべきだ。宗教や民族にかかわらず、みな仲良くしてほしい」と語った。だが、この発言がロヒンギャを隣国バングラデシュからの不法移民と見なし、彼らを「ベンガリ」と呼ぶラカインの人たちの反発を招くことになった。ラカインの民族運動のリーダーの1人は「不法移民を少数派と見なすことは納得できない」と憤る。ラカイン州の約300万の人口のうち、大雑把にラカインが約200万、ロヒンギャが約100万とみられているが、ラカインの人たちに言わせれば、海外在住の「ベンガリ」はさらに数百万人、バングラデシュの人口は1億を超えるということで、ロヒンギャの「侵入」に危機感を持っているのだという。これに対し、ロヒンギャの人たちは「自分たちは何世代も前からラカイン州の領域に暮らしてきた」と訴えている。

いずれにせよ、スーチー氏はたった一言で、「イスラム寄り」とのレッテルを貼られてしまった。「スーチー氏はイスラムに寛容だ」という言説は、その後、ヤンゴンなどでも聞かれるようになった。人口の大半を占める仏教徒の間で伝統や文化が異なるイスラム教徒への嫌悪感が根深いミャンマーで、宗教がいかにセンシティブな問題かを物語っていると言えよう。2013年には中部メイッティーラや北東部ラショーなどでもイスラム教徒と仏教徒との衝突が起き、死者が出た。反イスラム感情が急速に高まるなかで、スーチー氏も発言ぶりが慎重になっていった。そして、スーチー氏が何も行動を起こさないことに今度は内外の人権団体から批判が出始めることになった。国内では反イスラムの思想を持つ仏教僧らのグループ「民族宗教保護委員会（ビルマ語の略称でマ・バ・タ）」が同年に結成され、力を増していく。マ・バ・タに所属する僧侶らは2015年の総選挙でも、「NLDは仏教をないがしろにしている」と暗示するビラや説法によって、NLDに対するネガティブキャンペーンを展開した。結局、総選挙での勝利を第一に考えたNLDは、イスラム教徒の候補者を1人も立てなかった。

NLDが政権をとったいま、民主主義や人権の尊重を訴えてきたスーチー氏は、ロヒンギャの処遇や反イスラム感情の高まりといった問題にどう対処するのだろうか。ロヒンギャをめぐっては、1982年に制定された国籍法を改正すべきとの意見がある。同法では、現在のミャンマーの領域が英国に支配される直前の1823年より前から暮らしてきたとされる民族の子孫を原則として国民としている。ビルマ語で「土着の民」を意味する「タインインダー」と政府が認める135の民族が、いわば純粋な国民と見なされる。だが、ロヒンギャはこの135民族のリストにはない。ミャンマーでは政府や多くの国民が、1823年以前に「ロヒンギャ」という人たちは存在しなかったと見なしているからだ。ミャンマー政府は「ロヒンギャという民族は存在しない」との立場だが、これはスーチー政権でも踏襲されている。国籍法の改正は、「ミャンマー国民とは何者か」という国民意識の変更を求めるものであり、極めて難しい課題だ。宗教暴動の再発予防のための宗教間の相互理解・融和も含め、慎重な対応が迫られる。

7　国家顧問創設と政治犯の釈放

ティンチョー大統領とスーチー外相兼大統領府相ら閣僚が就任し、新政権が発足してから一夜明けた２０１６年3月31日、ＮＬＤは国会上院に一つの法案を提出する。国家顧問という役職を新設し、スーチー氏を就任させる国家顧問法案だった。法案によると、国家顧問は、①複数政党制民主主義の発展、②市場主義経済の普及、③連邦制国家の創設、④国内和平と経済発展の4つの目標の実現をめざし、国家と国民の利益のために助言をし、内閣をはじめとする国の機関と連携して任務を遂行する権限がある。その活動については、国会に責任を負い、任期は新政権と同じ5年となっている。簡単に言えば、大統領に就任できないスーチー氏に事実上、首相に匹敵するような行政管轄権を与えるものだった。新政権は4月下旬に国の役職の序列を発表したが、スーチー国家顧問を大統領に次ぐナンバー2に位置づけ、軍が指名したミンスエ副大統領や国防、内務、国境の3閣僚より「上」であることを明確にした。ちなみに、憲法上は大きな権限を持つ国軍最高司令官は、序列8位に位置づけられた。

スーチー氏は２０１５年11月の総選挙の前にヤンゴンの自宅で行った記者会見で、「政権をとったら、大統領の上に立つ」と明言した。その発言の真意をめぐって、ＮＬＤ内でのスーチー氏の突出したカリスマぶりも踏まえ、法を超越した形で院政をしく権力者のように振る舞うつもりなのではないかとの懸念が、特に海外メディアから聞かれた。ただ、あるＮＬＤ幹部によると、「国家顧問」という具体的な役職にすることまでは固まっていなかったが、スーチー氏を何らかの形で政権トップの座に付けようという検討は当時からなされていたという。記者会見でスーチー氏が「大統領の上」と語った際には、その選択肢が念頭にあったようだ。その秘策はテインセイン政権時代の憲法改正論議の過程でＮＬＤ議員らが見つけた憲法のある条項を利用しようというものだった。

軍政下で制定された２００８年憲法は極めて長い。４５７条まであるので、条文の数だけから見ても日本国憲法（全103条）の4倍以上になる。これは通常なら一般の法律で定めても構わないようなことまで細かく憲法で定めているからだ。例えば、「国は農業の機械化を進めるため、技術、資本、機械、物資などをできる限り支援しなければならない（第29条）」などという条文まである。軍政は軍の同意がなければ改正できない憲法に、なるべく多くの「決まり」を盛り込みたかったようだが、長大な法律のため条文どうしの整合性がとれなかったり、条文の意図がわからなかったりする結果になっている。

そうした条文の1つで、NLDが目を付けたのが第217条だった。同条は要約すると、「行政権は大統領にある。だが、国会が国の機関や個人に権限を与えることができないわけではない」と定める。つまり、行政府の長は大統領だけれども、国会は他の誰かに行政権を委ねることができると規定しているわけだ。なお、この217条に極めて似た条文が独立ビルマ最初の1947年憲法の第59条にある。もっとも、独立直後の体制下で大統領は儀礼的な国家元首で、実質的には首相が政府を取り仕切る議院内閣制だった。大統領と首相の関係に矛盾がないように設けられた条文だったが、2008年憲法の下では首相はいないので本来なら必要がない。軍政がなぜこの条文を盛り込んだのかは不明だが、NLDとスーチー氏はこれを活用した。

NLDは、軍が常日頃から「守る」と宣言している憲法の条文を盾に国会の過半数を握る数の力でもって、上院で2日間、下院で2日間というスピード審議で国家顧問法を可決した。軍側は寝耳に水で、軍人議員が両院で「大統領顧問」と法案を改正するよう求め、採決の際にも全員が起立して反発したが、NLDに押し切られた。軍人議員は「民主主義を虐げる行為だ」と非難した。ミンアウンフライン最高司令官も、これにはかなり不満だったようで、2016年5月に地元メディアを集めて行った記者会見で、「（憲法に）違反すると（国会で）指摘した。だが、法案は成立してしまった」と感想を語った。軍の反発を受けながらも、スーチー氏の国家顧問就任で、NLDは憲法の大統領資格要件を改正せずに、スーチー氏に行政権限を与えることに成功した。

国家顧問に就任したスーチー氏が最初に着手したのは、政治犯の釈放だった。スーチー氏は就任翌日の4月7日に声明を出して、政治犯を釈放するための3つの法手続きについて言及し、実現に努力すると明言した。テインセイン大統領は軍政時代に投獄された政治犯の釈放を進めたが、自分の政権下で起きたデモや集会には時に強権的な態度で臨んだ。デモは届け出制だが、当局に届け出ると場所を指定されたりするので、多くの活動家や学生らは無届けでデモを行ったが、そのために逮捕・起訴される人が相次いだ。急速に普及したインターネット上で国軍最高司令官らを風刺したことにより名誉毀損で起訴されたり、軍の工場に取材で立ち入った記者が逮捕されたりした事例もあった。軍政時代から活動する団体・政治犯支援協会（AAPP）によると、2016年3月末時点で刑務所に投獄された政治囚が95人、逮捕・起訴され裁判で係争中の人が約400人いたが、4月8日に係争中の114人の公訴を取り下げ、同月17日には服役中の83人に大統領の恩赦が出された。公訴の取り下げはその後も続いた。

さらに、NLDは軍政やテインセイン政権が政治活動を取り締まるために使ってきた治安維持に関する法律を国会で廃止していった。スーチー氏を自宅軟禁にする根拠とした国家防御法（1975年制定）や緊急事態法（1950年制定）などだ。新政権発足後、スーチー氏は自らの国家顧問就任と人権に関わる政治犯の問題にとりかかったが、これらに共通するのはスーチー氏がこれまで政治の実権を握ってきた軍がつくった法制度の枠内で目的を達成しようとしていることだ。スーチー氏は「法の支配」の重要性を繰り返し訴えており、今後の改革でも手続きの合法性を常に意識していくものと予想される。

8　経済発展をめざして

人権の尊重や国内和平、民主化の達成といった政治面での課題については新政権発足直後から走り出したスーチー氏だが、人々の生活水準向上のための経済運営についてはどのように考えているのだろうか。新政権発足直後の２０１６年４月に行ったテレビ演説で、スーチー氏は「私たちの国は資源が豊富だと言われるが、あまり重要だと思っていない。本当に大切なのは、国民の能力であって、資源ではない」と話し、「新政権の目標の１つは、国民の能力や資質を高めることだ」と人材育成に力を入れる方針を示した。これは天然ガスやチークなどの木材、ヒスイやルビーといった宝石類の輸出に依存し、一方で、大学をはじめとする教育分野を軽視した軍政と同じ政策はとらないとの宣言と考えられる。

実際、ミャンマーが今後も持続的な成長を実現するために、国民の能力を高める必要があることは間違いない。２０１３年から翌年にかけて国内総生産（ＧＤＰ）は８％を超える成長率を実現するなど、最大都市ヤンゴンを中心に好景気に沸いたが、これは経済制裁の解除や改革開放路線に伴う外国からの資金の流入によってもたらされた側面が大きい。ミャンマーに進出する日本企業でつくるミャンマー日本商工会議所（ＪＣＣＭ）の会員企業数は、２０１２年3月時点で53社だったが、新政権発足後の２０１６年4月には３００社にまで増加した。コカ・コーラや自動車大手のフォード・モーターなどの欧米企業の進出も相次ぐ。軍政時代にほとんどストップした開発援助も日本を中心に再開、ヤンゴン郊外のティラワ経済特区での工業団地開業などにつながっている。ただ、海外からの投資の増加に伴い、一定の教育レベルや専門分野での経験を持つような人材の需要も一気に増しており、これを埋め合わせるだけの優秀な人材が必要になっている。

だが、半世紀続いた軍の支配下で軽視された教育分野、特に大学の教育・研究水準の低下がその足かせとなる。ミャンマーで大学は反政府運動の拠点だった。90年代は学生運動が起こるたびに大学は閉鎖された。いま経済や社会の中核を担うべき30～40代の人たちは若い時、閉鎖を繰り返す大学に何年も在籍するか、途中でやめて仕事をするか、あるいは、そもそも能力があっても大学に入学しないか、の選択を迫られる状況にあった。大学は２０００年以降に再開したが、教育に国の予算はほとんど割り振られなかった。

もっとも、持続可能な成長のためには、他にも様々な課題がある。電力などのインフラの整備、法の整備や手続きの透明化、汚職の撲滅、財政の裏付けとなる税の公平公正な徴収などだ。スーチー氏は経済分野ではあまり目立った発言をしないが、民主化などの政治面での改革の成否に加え、5年間の任期でこれまでのような高い成長を続けながら、経済・社会の変革を図れるかどうかも、次の２０２０年総選挙の結果を左右することになるのは間違いない。

おわりに

近年のインターネットの普及に伴い、ミャンマーの人々の間では「フェイスブック」が人気を集めている。そのため、俳優や歌手などからミンアウンフライン最高司令官まで、多くの著名人や国の機関がフェイスブックで国民に情報発信をしている。スーチー氏も国家顧問に就任した後、その公式アカウントを開設したが、そのカバー写真にはこう記されていた。

「THIS IS JUST THE BEGINNING, NOT THE END.（これはただの始まりであって、終わりではない）」

２０１５年総選挙でのＮＬＤの大勝と翌年３月の新政権発足、スーチー氏の国家顧問の就任で、民主主義を求めるスーチー氏の闘いに一段落がついたことは間違いない。だが、本章で見てきたように、決してゴールにたどり着いたわけではない。スーチー氏は政権を手に入れたことで、１９８８年に彼女が政治の表舞台に登場してから一貫して求めてきた、「対話による解決」を実践できることになった。形式上も国のナンバー2、実質的には最高権力者となったスーチー氏は、いまや法の裏付けのもとにミンアウンフライン氏や軍出身閣僚と話し合いの場を持つことができる。その意味で、スーチー氏の民主化運動は、これからが実質的なスタートと言えるのかもしれない。そして、新政権がどのような成果を出せるかが、スーチー氏の「政治家」としての真価を問うことになるだろう。

コラム1

汚職や賄賂はなくなるか？

テインセイン政権による中古車輸入の規制緩和で、最大都市ヤンゴンの渋滞が深刻化していた2014年11月、市内で車を運転していた私は道路の路肩の駐車スペースに車を止めようとしていた。並んだ車の間にちょうど1台分の空きを見つけたので、バックで車を入れようと方向指示器のランプを付けて脇に寄せ、後続車が過ぎるのを待った。だが、乗用車やトラックが次々やってくる。道幅が狭く、車の横をぎりぎりで追い抜いていくのでバックできない。仕方なくギアを「リア（後進）」に入れたまま、待つことにした。

すると白い制服を来た若い交通警官が飛んできた。「二重駐車は違法だ」と言う。おいおいおい、確かに私の車の隣には駐車中の車があるが、すぐ後ろの空きスペースに止めようとしているのだ。「後ろから車が次々来るのでバックできない。手助けしてくれないか」とビルマ語で言い返すと、警官は後続の車を止めてくれた。ようやく駐車を終え、車を降りて礼を言おうとすると警官は再び「二重駐車は違法だ。免許証を見せなさい」と言う。「二重駐車じゃない」と抗議したが、警官も「免許証を見せろ」と食い下がらない。やむを得ず手渡すと、警官は免許証を持ったままどこかに歩き始めた。交通取り締まりチームがたむろっているところで、リーダーらしき警官に免許証を差し出した。

リーダーらしき警官は、他の「違反者」と1人ずつ話をしていた。私の番になると「二重駐車は違法だよ」と言う。そして、こう続けた。「法律通りに処理すれば、罰金は45、000チャット（約4、500円、1チャット＝0・1円）ほど、最長で2ヵ月半、免許停止になる。ただ、我々もそこまでやりたいとは思っていない。さて、どのようにあなたを助けてあげればいいだろう……」。遠回しな賄賂の要求だった。交通警官が違反者から現場でお金を取って見逃すことは聞いていたが、言いがかりまで付けて金を巻き上げるとは。「路肩に駐車しようとしていただけだ」とこちらも引かないでいると、外国人から賄賂を取ったらまずいだろうと気づいたからか、しばらくして免許証を返してくれた。軽微な違反を見逃してもらう賄賂の相場は5、000チャットだと、後日、ミャンマー人の知人が教えてくれた。

軍による支配が半世紀以上続き、政府批判が封じ込められたミャンマーでは汚職や賄賂が横行した。それは私にも貴重な体験を与えてくれた交通警察だけに限らない。世界の汚職を監視する国際NGOの2015年の汚職指数ランキングでの「清潔度」は、167の国・地域中147位だった。もちろん清廉な役人もたくさんいるが、汚職とまではいかなくても職権を利用した金儲けが社会問題になっている。テインセイン前大統領は汚職に取り組む姿勢を示したが、一般公務員の月給に相当する30万チャット相当までなら贈り物を受け取っても構わないと指示したと報じられるなど、厳しい対策は行わなかった。2015年総選挙でアウンサンスーチー氏率いる国民民主連盟（NLD）が大勝した理由の一つに、「汚職のない社会を実現する」という公約に対する有権者の期待があったことは間違いない。

スーチー氏は新政権発足直後の4月4日、兼務する大統領府相の権限で公務員に対し、「25、000チャットを超える贈り物を受け取ってはいけない」などとする通達を出した。さらに、同月中旬にあったミャンマー新年を祝う水かけ祭りの際には、地元メディア企業が政府高官宛てに500万チャットの現金を新年の贈り物として渡そうとしたことを公表して企業側に警告した。ただ、特に末端の公務員が「金儲け」に走る背景には、国の財政状況に起因する給料の安さがある。「給料だけでは家族を養えない」という公務員の嘆きを私もこれまで何度も聞かされてきた。ルールを厳しくするだけで汚職はなくならない。行政サービスの対価である税金を国民からしっかりと集めるシステムづくりも含めた抜本的な対策を講じられるか。汚職が減っていくかどうかも今後の新政権の行政手腕を評価する重要な指標と言えそうだ。

（五十嵐　誠）

第2章

ミャンマー民主化運動

――物語の序幕

伊野　憲治（北九州市立大学教授）

はじめに

２０１６年３月17日、私はミャンマーの首都ネピドーにあるホテルの一室で、感慨にふけりながら、予定より急遽早めて実施された新大統領選出選挙の実況中継を見ていた。この一連の民主化運動を一つの物語、劇に例えてみれば、１９８８年の運動から、89年のアウンサンスーチーの自宅軟禁をへて、１９９０年総選挙、軍事政権による総選挙結果の反故という時期は序章、序幕ということができよう。そして新憲法制定をめぐるその後の18年は第二幕となろう。次の三幕はテインセイン政権成立から、今回の国民民主連盟（ＮＬＤ）政権成立までのように思える。そして、偶然といえば偶然にほかならないのだが、私は、第一幕においては、最前列に位置する観客として、まさしくその現場に居合わせ、今回第三幕の終了をやはり現地で見とどけたわけである。１９８７年の12月に外務省の専門調査員としてミャンマー行きの話が急に出たとき即決していなければ、また今回思い切ってビザを申請し、偶然にもその日にネピドー訪問の予定を入れていなければ、こうした歴史的出来事の場に居合わすことはなかったと思うと、不思議な巡り会わせというものを感じざるを得ない。

そのような私に本章で課せられた課題は、一連の民主化運動の序幕について、現地での体験を踏まえながら語ることなのではないか。共同執筆の依頼を受けたときそう感じた。ところどころに、現場での見聞を入れた読み物は読みづらいかもしれないが、現場の体験談も交えながら、以下、物語の序幕を語っていきたい。

1　8888民主化運動へむけて

3月事件、物語の始まり

いわゆる「88年世代」という言葉を造り出した1988年8月8日に始まる反政府デモ・ストライキの発端となったのは、実は同年3月12日の茶店でかかっていたカセットテープを巡る若者同士の些細な喧嘩であった。しかし、このヤンゴン工科大学学生とビルマ社会主義計画党（BSPP）の地区人民評議会議長の息子の言い争いが警察沙汰になり、その警察の措置に対し翌13日には学生たちが警察署に抗議に押し寄せた。これに対し当局は治安警察を導入し発砲という手段で対応した。この発砲により数名の学生が被弾し死亡した。犠牲となった最初の学生の名前は、ポウンモー。その後の学生運動の象徴的存在として語られていく。

この学生の死によって、学生の抗議行動は一気に拡大し、16日には、当局側の虚偽の報道及び学生に対する発砲・逮捕への抗議、ネーウィン政権打倒を叫ぶ学生たちがインヤー湖畔にあるヤンゴン大学に集結した。この運動の拡大に対し当局は、翌17日に治安警察を導入、ヤンゴン大学を包囲したうえで、構内に集結している学生たちの鎮圧にあたった。鎮圧は凄惨を極めた。逃げ場を失った学生の中にはインヤー湖に追い詰められ、溺死する者さえいた。この当局の対応と大学の閉鎖によって、運動は沈静化するかと思われた。だが、24日になってインヤー湖で、女子学生の死体が浮かんできたように、運動はまさしく水面下で新たな動きを見せていた。

「アウンギー書簡」

ここに一通の書簡がある。「アウンギー書簡」といわれている。入手後、急いで全訳した思い出深い書簡だ。

アウンギーは、62年のクーデターのとき、ネーウィンの側近であったが、その後経済政策を巡ってネーウィンと対立し失脚した人物で、一時期身柄を拘束されていたが、釈放後は政治から離れ、ケーキ・チェーン店の経営者として知られていた。その元准将が6月8日付けでネーウィンに宛てた書簡である。

この書簡の中で、アウンギーは、3月事件での当局側の対応を人権侵害であると糾弾し、党副総書記のセインルインを今回の事件の責任者であるとしたうえで、ネーウィンに対して責任者の処罰と問題の解決を迫った。さらに、書簡では、当局の発砲による3月事件の犠牲者は2名であったとする、5月14日に国営紙に掲載された当局の調査報告書に対しても疑問を提起し、未確認情報であるが40名を超えるものであったと指摘したうえで、再調査を迫った。また、3月事件の際、当局によって行われた蛮行を次のように詳細に伝えた。

「(インヤー湖)湖岸で殴られた学生の多くは、女子学生でした。何人かは髪の毛を摑まれ殴られました。湖の中に蹴落とされ、這い上がってきたところを再び殴られました。ある女子学生は、跪拝し、嘆願しているにもかかわらず、殴られました。腰巻が脱げながらも逃げ迷う女子学生に対してさえ、髪を摑み殴りました」

「(刑務所内で)治安警察の何人かが、何で叫ぶんだと怒鳴って、女子学生を殴打し、強姦したそうです。真っ暗であったのに、頭巾まで被せて、女子学生を強姦したそうです」

「負傷者でも全て足枷をされていました。何人かは息絶え絶えでした。脳神経病院からやってきた医師は、手錠と足枷をはずすように頼みましたが、拒否されました。負傷者の多くは頭部を殴られて意識が無かったにもかかわらず」

「アウンヂー書簡」のコピーは、公然と市中に出回り、これまでは噂話として伝わっていた内容を、人々は事実と認め、大きな衝撃を受けた。学生に対する同情と、当局すなわちネーウィンに対する憎悪の感情が、広範な人々のあいだに醸成されていった。

6月事件

5月末、大学が再開された。6月上旬には、○○○学生連盟というように記された数々のビラが市中に出回るようになる。運動の再燃である。その中の一つ「ヤンゴン大学学生連盟」および「マンダレー大学学生連盟」連署の「抑圧された国民、労働者、国軍兵士、学生」宛のビラを見てみると、大意次のような呼びかけがなされている。

①26年におよぶ現政権支配のもとで、経済、社会、政治は最悪の状態となった。物価は上昇し、国民は生活苦にあえぐ一方、一部の権力者は社会主義体制のもとで、甘い汁を吸っている。

②ネーウィンは、国民から収奪した金を外国の銀行に預金し、その総額は4億ドル以上にのぼり、世界的な大富豪の仲間入りをしている。他方かつては東南アジアで最も豊かな国が、今では世界で最も貧しい国の一つとなってしまった。

③軍の独裁支配体制のせいで、労働者の意識と能力は低下している一方、殺人政府の御用組合である労働者評議会は労働者のために何もしていない。

④経済的に行き詰まった政府は、農民を欺き、ひどい目にあわせている。ネーウィン政権の下では、農民の生活は何ら改善されておらず、植民地時代と全く変わらない。

⑤国民から生まれた国軍は、いまや、ネーウィンの私兵となっており、少数の特権階層の権力を永続させるために働いているに過ぎない。国家財産の多くが、ネーウィンの軍隊のために浪費されている。

⑥このようにひどい状況下、労働者、農民、兵士、学生は、団結して革命を組織すべきである。国民の政府を樹立するために、我々はあらゆる方法を用いて闘わなければならない。闘いにすでに身を投じている学生たちに合流せよ、1988年は我々の闘争元年だ。ファシスト政府に反旗を翻せ。国民を抑圧することは火に油を注ぐようなものだ。

さまざまなビラが飛び交う中、この声明文は、実に当時の国民感情を言い表しているといえる。学生たちが動き出しているという期待感が人々の間に広まっていった。

6月15日から、ヤンゴン大学では連日学生集会が開催され、集会では手書きのメモが配布され、私が手にしたメモには、①逮捕中の学生の釈放、②退学処分を受けた学生の復学、③殺人主義反対、④民主的権利の獲得、⑤学生連盟の結成など、当局への要求が記されていた。集会には高校生や僧侶、労働者も加わっていった。当局はこの運動の盛り上がりに対し、再び大学を閉鎖することで自然消滅をねらった。しかしながら大学が閉鎖された翌日の21日、学生たちは大学脇のピィー街道に集結し、市内へ向かってのデモ行進を始めた。大学生のほか、青年、労働者風の市民も加わったデモ隊の規模は、2～3万に達した。当局は、わき道に治安部隊を配置し、ミニゴン交差点に封鎖線を敷いてデモ隊の動きを止めようとした。このとき封鎖線の治安部隊は棍棒と衝立のみで、銃を保持していなかったこともあり、デモ隊は投石しながら突破を試みた。双方入り乱れての衝突のあと、デモ隊は一時期封鎖線の突破に成功したが、銃を持った治安部隊の再投入により、結局、多くの逮捕者、負傷者を出しながら鎮圧され、午後6時から午前6時にわたる外出禁止令が出された。いわゆる「ミニゴン交差点事件」である。最初の衝突後、大使館への帰路見た光景で興味深かったのは、わき道をふさいでデモ隊の動きを警戒する治安部隊に対して、付近の住民が後ろから投石し、デモ隊を応援していたことである。学生を中心とした運動への人々の共感と支援が高まっていった。

学生連盟の登場

21日のデモの鎮圧によって運動は衰退するかに見えたが、7月に入ると再び学生連盟のビラが市内に出回るようになる。多くのビラには組織名は記されているものの組織の指導者名は記されていなかったが、このビラには、ミンコーナイン（直訳すれば「王を打ち倒す」「王に打ち勝つ」という意味）氏の署名が入っていた。その7月7日付け「ヤンゴン大学学生連盟」の声明の大意は、以下のようなものであった。

①軍事政権は、勝利の一歩手前まできていた我々を不当な手段をもって弾圧してきた。もはや学生の問題は、学生だけの問題にとどまらず国民が社会的・経済的に解放されるための政治問題となって

いる。このような状況下、全ての学生は、政治活動家になっているといえる。我々は政府が学生を釈放したということのみに満足してはならない。

②一部の特権階層を除き、国民の生活は困窮を極め、回復の見通しもない。教育のために使われるべき金を、彼らが外国に健康診断に行くために使っていて、国が発展するはずがない。それゆえ我々は団結して闘わなければならない。兵士や警察官、治安警察といえども、我々の敵ではなく、彼らもまた犠牲者なのである。兵士はその真の敵を見極めるべきである。兵士が国民を支持するとき、勝利は我々のものとなる。

③全ての国民が人権を享受できる平和な連邦を再建するには、まだ相当の時間を要するだろうが、とりあえず今、我々は団結しようではないか。国民が本当に力を合わせれば、いかなる政府といえども、それに歯向うことはできないのである。

88年7月7日付ミンコーナイン署名の入った学生連盟声明コピー

この声明で「軍事政権」と言われているのは、もちろんビルマ社会主義計画党政権、ネーウィン体制のことである。①では、政府が3月、6月事件で逮捕した学生を釈放すると発表したことに対し、その欺瞞性を指摘している。重要なのは②③で、国軍兵士を含む国民に対して闘争への参加を呼びかけている点である。学生たちの目標は国民的運動によって現体制を転覆することに向けられていった。ミンコーナイン署名の声明はその後立て続けに出され、体制打倒へ向けての国民の意思統一を図っていった。

ネーウィン辞任劇

3月事件が意外な形で尾を引いていると見た当局は、7月20日、3月事件での死者は41名であったとする異例の発表を行った。しかも、死因は逮捕後の護送中、逮捕者の詰め込みすぎによる窒息死であったことも認めた。内務・宗務大臣がこの責任をとって辞任したが、この発表は、かえって巷に流布していた「アウンギー書簡」や学生連盟声明で明らかにされていた政府の暴挙を、人々が確認するといった結果をもたらした。

こうした状況下、政府（ネーウィン）に対する不信感を一層高めたのが、7月23～25日に開催されたBSPP臨時党大会における、ネーウィン議長の辞任とそれにかわるセインルイン政権の登場であった。

党大会は議長ネーウィンの演説から始まった。その中でネーウィンは国民の政府批判に応える形で、一党制を続けるか多党制に移行するかを問う国民投票実施の提案を行うとともに、自らは党議長職を辞任すると発表した。国民投票実施の要求などはこれまでどの声明やビラにも出ていなかった。ネーウィンが地位を退くなど誰一人として想像していなかった。にもかかわらず、演説の中では次のような一国のトップによる国民に対する威しが意味深長に述べられた。夜の国営放送で、このネーウィン演説を聞いた私は自分の耳とビルマ語能力を疑った。

「私は、辞任する。辞任はするが、今後も国家がガタガタにならないように見守ってはいく。そこで、国民に一つわかっていてもらいたいことがある。軍というのは撃つときは狙いを定めて撃つのであって、威嚇射撃など軍人のすることではないということだ。だから、今後騒動が起こり軍を投入しなければならないような状況に至ったとき、騒動を起こした者たちは覚悟しておいてもらいたい」

この一節の意味を国民は半月後には思い知らされるのであるが、その時、国民の多くはネーウィンの辞任と国民投票の実施という一時の夢に酔った。しかし、この夢は瞬く間に打ち砕かれる。党大会は、ネーウィンの党議長職、サンユの大統領職からの辞任は認めるものの、国民投票は不要であり、引き続き現政権が経済改革を行っていくという結論を出したのである。さらに、新たに党議長、大統領に選ばれたのは、ネーウィン側近の中でも最も強硬派であり、3月事件において直接治安部隊に指示を出していたとされるセインルインであった。

この一連の茶番劇は、あらぬ期待感を国民にいだかせるという場面が挿入されていただけに、国民の怒りを煽っただけだった。

BBC短波放送

スマホはミャンマーの民主化に大きく寄与したが、当時スマホなどはなかった。しかし国営メディアが情報を統制する中、BBC短波放送のビルマ語放送は、情報の重要性が増した現代を象徴する役割を果たした。

8月3日夜、BBCはヤンゴンで発生したデモの模様を報ずるとともに、8月8日からゼネストを決行するというビラがヤンゴン市中に出回っていると伝えた。8月6日、同放送は、BBC特派員と学生との会見内容を詳細に報じた。インタビューに応じた学生たちは、3月事件、6月事件の模様、逮捕された学生たちが受けた虐待の内容を、生々しく語った。

「逮捕された女子学生が、どんなに酷い目にあったかということについて、私が知っている限りお話しましょう。私自身もそのような酷い目にあったのです。……逮捕されて部屋の中で暫く取り調べられた後、彼らは、まるで政府の奴隷のようでした。政府の奴隷に成り下がって、人として耐えられないようなことをしました。彼らは女性を不当に扱いました。ある者は、息絶え絶えの女子学生に、毒薬を注射しました。……釈放されたとしても女子学生たちの人生は終わったも同然です。取り返しがつきません。何人かの女子学生は、妊娠しました。妊娠した女子学生は、自分はミャンマーの女性であり、ミャンマーの女子学生であるという誇りから、大変恥じ入りました。彼女たちは、刑務所で受けた扱いや拷問によって、自分たちの人生が恥ずべきものになったと考え、刑務所でも、釈放された後でも、重荷を背負っていかなければなりません。そのような重荷を、私たちは欲していません。だから、恥辱を命によって購うため、自ら命を断とうと考えました。私自身もそんな女子学生の一人です。しかし、私は自殺しようとは思いません。そのかわり、引き続き闘っていこうと決意しました」

翌7日のBBC放送は、学生たちが明日8日より平和的なデモを決行すると伝えた。人々の間に8888学生決起への期待感が急速に高まっていった。

2　学生決起8888

8888

翌1988年8月8日、大使館に着くとスタッフが既に大騒ぎをしていた。学生デモがあちこちで起きているという。

早速、市内の視察に出る。各所でデモ隊に遭遇する。デモには行進とともに一般市民も加わり、夕刻には市庁舎前で10万人ほどの大反政府集会が自然発生した。いくつもの仮演台が置かれ、その上で、学生、僧侶、一般市民が、代わる代わる反政府演説を行った。市庁舎のバルコニーで警備に当たる軍人がちょっとしたアクションを起こすたびに、人々は蜘蛛の子を散らすごとくその場から去り、また恐る恐る集まるといった光景がくり返された。カフュー（外出禁止令）があったため、私は現場を引き上げざるを得なかったので、その集会が何時まで続けられていたかは不明である。

翌9日も早朝より大規模なデモが行われた。デモ隊の規律は守られ、略奪・破壊行為などは一切見られなかった。デモ隊は「セインルインを辞めさせろ」と叫び、要所要所の警備に当たっている軍人に対しては「国軍は、我等が軍」と訴えた。沿道でデモ行進を見守る市民も増え、拍手をもってデモ隊を迎えた。この反政府運動の盛り上がりに対して、当局はお決まりの強硬手段で応じた。発砲による事態解決である。より広範な人々が見ている前で、3月事件、6月事件が再演されたのである。人々は、流れ弾から身を守るため、あるいは軍の動きを牽制するため、自ら街路樹を切り倒すなどしていたるところにバリケードを築いていった。バリケードを通れるのは、住民と状況を視察に来た白ナンバーの大使館の車だけとなった。

ヤンゴン総合病院発砲事件とセインルイン辞任

軍の発砲によって多大な犠牲を出しながらも翌10日もデモ隊は形成された。軍は発砲で応えた。午後になって、市内の視察中に、ある事件が起こる。ヤンゴン総合病院に対する発砲事件だ。ヤンゴン総合病院は、負傷者の手当をしていただけではなく、学生組織の拠点ともなっていた。その病院に逃げ込んだデモ隊に対し発砲したため、看護師等が負傷する事態となった。

現場は騒然としていた。発砲現場の反対側にある救急搬送口付近を走っていた私の車は、病院から出てきた一団に囲まれた。口々に軍の非道を訴えている。

当初この事件は医師と看護師が死亡したと伝えられ、このニュースは瞬く間にヤンゴン中に知れ渡った。事態はこの事件で一変する。これまで傍観していた人々も反政府運動支援に加わり、人々が構築していた市内のバリケードは一層強化された。南オカラッパ等のヤンゴン郊外においても状況は同じか、より緊迫していた。軍と民衆の睨み合いのような状態が続き、12日には、実に民衆による政府の工場・倉庫を対象とした「破壊・略奪」行為も増えていった。

その晩、国営放送は、突如セインルインの党議長・大統領職からの辞任を発表した。その発表がなされた直後ヤンゴン市内では大きな歓声が上がったと聞いている。就任後わずか16日にしてセインルイン政権は倒れた。翌日バリケードは市民によって撤去された。反政府運動自体も収束を迎えるかに見えた。

モーティーズンとの出会い

13日、落ち着きを取り戻しつつある市内を通り、南オカラッパ地区の状況視察に向かった。まだこの地区には住民の築いたバリケードが残されており、我々が行くと、それを除けてくれ、中に通してくれるといった状況だった。ちょうど南オカラッパの中心部にかかったとき、青年たちの一団に車が囲まれた。車から降りると、一人の青年が出てきて「自分は学生連盟総書記モーティーズンだ」と言う。それまで学生連盟といっても、ミンコーナイン、「王を打ち倒す」という明らかに象徴的な指導者の名前しか把握できていないような状況だっただけに「6月の雹《ひょう》」を意味する名前を言われても、にわかに信じがたかったが、これからどうしていくのかと一応聞いてみる。その時の彼の答えは今でも鮮明に覚えている。

「我々は、ある個人と闘っているのではない。我々は体制と闘っているのであり、ＢＳＰＰ政権打倒まで闘い続ける」

セインルインの辞任で、勝利気分に酔いしれている人々を見ていただけに、果たしてそれが可能だろうかという疑問を感じた。しかし、学生たちは着実に運動の今後の展開を考えていた。ヤンゴン総合病院を拠点とする新たな闘いが始まる。その新たな闘いのスローガンは「デモクラシーの獲得」であった。その後、具体的要求は19日に登場したマウンマウン政権の譲歩につぐ譲歩に対応する形で「複数政党制の導入」「即時複数政党制の導入・総選挙の実施」「暫定政権下での総選挙の実施」と変わっていくのであるが、これらのスローガンとともに一貫して叫ばれる新たなメインスローガンが生まれたのである。

「デモクラシー」の意味

26年に及ぶネーウィン独裁体制下、「デモクラシー」という言葉は国民の間に浸透していたとは言いがたい。ビルマ語でも「デモカレシー」と英語の音訳を使う。この言葉に対する統一した「イメージ」があったわけでもない。しかし「デモクラシーの獲得」という言葉は、国民一人一人が抱くさまざまな不満を解消してくれる魔法の言葉であった。後に市中に出回ったカセットテープで、反体制派の漫談師ザーガナ（ピンセット）が、当局側の「人々は民主主義のなんたるかを理解していない」とする批判に対して反論した次の一節がまさしく現実であったといえる。

「我々が欲しているデモクラシーとは何か、我々は知る術もない。我々はそれが何か本当に知らないのだ。何故ならば、26年間マサラ（BSPP）一党独裁体制のもと、我々のように目を塞がれ、耳を塞がれ、口を塞がれてきた人々、可能性というものを全て奪われてきた人々にとって、デモクラシーとは、夢のようなものでしかなかったからだ」

この時、体制変換だけではなく、ミャンマー人にとって「民主主義とは何か」自問し、運動を通じて独自の意味合いを練り上げていくという、新たな課題も生まれたのである。

マウンマウン政権の対応とアウンサンスーチーの登場

19日に発足したマウンマウン政権は、一転して民主化勢力への譲歩という対応策を選んだ。マウンマウンは、党議長・大統領就任直後に、国民の意見を聞くための世論調査委員会の設立を発表した。だが、この時点ではすでに、国民の具体的要求は「複数政党制の導入」にまで達していた。翌20日から連日、そうした要求を掲げた大デモ行進、ストが続けられた。戒厳令は敷かれていたが、軍もデモ隊への発砲は控えた。24日、マウンマウンは第二の譲歩を行った。戒厳令、夜間外出禁止令、集会禁止令の解除であった。

24日の正午、私は、市内視察でヤンゴン中心部へ向かっていた。急に周辺が騒がしくなり、聞いてみると戒厳令・外出禁止令が解除されたとの発表があったという。さっそく市内中心部へ車を進めると、ありとあらゆる通りが人々で埋め尽くされており、いたるところで演説会が開かれ「お祭り騒ぎ」的様相を呈している。市内中心部にたどり着いたときは、既に車を動かすことができないような状況となっていた。

集会禁止令の解除を受けてまず動き出したのがアウンサンスーチーであった。同日午後にはヤンゴン総合病院敷地内で演壇に立ち、次のような短い演説を行った。

「国民の皆さま、重要なことは、平和的に規律をもって、自らの意思を示すことです。私たち全てが欲しているものは、堅固な連邦です。そのような堅固な連邦をつくり出すには、国民の規律が必要です。まず団結しなければなりません。団結した上で規律も必要となります。団結も無く、規律も無いというのでは、どのような制度であっても、国家にとって利益をもたらすことはできません。

そこで、……私が言いたいことは、国民の力というものはたいへん大きいのだということです。しかし、この力を真理に即して使わなければ、それは自分にとっても危険をもたらすものとなります。ですから国民の力を真理をもってコントロールしてください。真理を伴わない力というものは、全ての人々にとって、危険なものとなります。現在、私たちは、金曜日に大国民集会を開こうと準備しています。平和的に規律をもって行動してこそ、それも実現できるのです。国民に規律がなければ、国家は……いつになっても繁栄することはできません。規律をもってください。

団結してください。全ての人が平和的に行動してください。

私たちは、真に規律正しく、真理にかなった国民なのだということを、世界中の人々に知らしめてください。真理にそぐわない力を使わないで下さい」

その後、アウンサンスーチーの目指した真理の実現の場としての政治の原型が既に述べられている。アウンサンスーチーの登場は、人々に大きな衝撃と期待感をもたらした。

その晩の国営放送は、複数政党制の導入を問う国民投票を行うと発表した。マウンマウンの重要な譲歩であったが、セインルイン辞任のときと比べ市内は静まり返っていた。

学生連盟の結成

翌25日から28日にかけては、大きな政治的転換点を迎える。25日の「アウンヂー集会」、26日の「アウンサンスーチー集会」、27日の「ティンウー集会」そして28日の「学生連盟結成大会」の開催である。つまりその後の政治、民主化運動に大きな影響力をもつ集団が、衆前に姿を現したのである。

8月26日、シュエダゴン・パゴダにおけるアウンサンスーチー演説（筆者撮影）

7月末に逮捕されていたアウンヂーは、マウンマウン政権の譲歩策によって、25日の早朝に釈放された。すると市中では、午後4時よりヤンゴン郊外のサッカー場にて集会を行うという知らせが、口コミで伝えられた。数時間後開かれた集会には、5万人以上の市民が集まった。翌日の「アウンサンスーチー集会」は、24日のヤンゴン総合病院での演説を受けたもので、シュエダゴン・パゴダ西側の境内で開催された。集まった聴衆は30万人を超える規模のものであった。27日の「ティンウー集会」はヤンゴン総合病院内の狭い敷地内で行われたにもかかわらず、2万人ほどの市民が集まった。三者の演説で共通していたのは、民主化勢力の団結・規律の重要性、平和的闘争の継続、そして暫定政権下での複数政党制総選挙の実施であったが、特にアウンサンスーチーはその存在感を示した。

もう一つの大きな動きは、28日に雨が降りしきる中ヤンゴン大学内で開催された「学生連盟結成大会」

である。大会では暫定的とは断りつつも、指導部が紹介された。議長はミンコーナイン、副議長がコーコーヂー、そして総書記としてモーティーズン。まさしくあの南オカラッパで会ったあの人物であった。

まず、ミンコーナインが演壇に立ち次のように訴えた。

「我々は力を持っている。団結という力である。我々は全国民を頼りにしている。信頼している。尊敬している。国民の参加のない学生運動は全て失敗してきた。……全国民の抱える問題を、我々各人が、各地区で責任をもって解決しようではないか。国民の生命、生活、財産を守ろうではないか。……この場に居合わせる革命の同志たちにとって、これしきの雨や暑さは何でもないことだ。なぜなら、銃弾の中で、銃剣の前で、我々は勇敢に闘ってきたからである。……我々の手は、我々の手は、……血、血、……血によって濡れているのである。祖国解放のため、国民を苦難から救うために支払われた我々の殉難者、勇者の体から吹き出た血、心臓から出た血によってである。こうして血に塗られた我々、兄弟同士諸君の手をこの世の続く限り永遠に忘れないことを誓い、演説を終えたい」

学生の果たしてきたミャンマー史における役割、現在の歴史的転換期に果たさなければならない役割が強調された。特に、全国民の抱える問題を各人が各地区で解決していかなければならないとする訴えは、政府の権力がほとんど機能していない当時の状況と、学生がそれに代わっていかに状況を把握していたかを如実に物語るものであり、学生一人一人に行動の指針を与えたものであった。ミンコーナインのこの演説は、ある種の格調の高さを感じさせるものであった。これに対し、我々に微笑みながら登壇したモーティーズンの演説は、力強く、ユーモアと自信に満ちたものであった。モーティー

8月28日、学生連盟の市中パレード、中央が「闘う孔雀旗」（筆者撮影）

ズンは、まず学生がいかにしてこの運動を組織化してきたか自らの経験に沿って語るとともに、自分たちの闘争は政治的なものであって武力闘争の意思のないことを確認し、次のように訴えた。

「はっきり言って、全ビルマ学生連盟が認めなければ、いかなる集団といえども権力を掌握することはできない。……我々は指導者を選ぶという問題にも直面している。指導者たちを見ると、どの人物も今のところ十分とは言えない。その中から最も有能な指導者を、我々は選ばなければならない。……6月の時点でも言ったように、我々は政府を転覆させることはできる。打ち倒すことはできる。しかし、創り出すことは我々の仕事ではない。能力を持った人々の仕事である。しかし、革命を起こすというのは、結婚することに似ている。一軒家、車一台持ってからというのでは、そいつはいつになっても結婚することはできない。それゆえ我々は、いま決起したのである。……最後に、全国民が団結すれば、いかなる独裁者といえども打ち倒すことができるという革命の哲学を、世界中の抑圧にあえぐ人々にわかってもらうために、諸君と我々で、闘う民族の『闘う孔雀旗』を、高々と掲げようではないか」

大会自体は学生のみが参加するものであったが、大会終了後、大々的な市中パレードが行われた。これまで、人々にとっては、運動自体の中心に位置しながらいまひとつ実態のつかめなかった「学生連盟」やミンコーナイン等の学生指導者が、姿を現したのである。

翌日からは、所属団体の名前を書いたプラカードを掲げたデモが連日続けられた。もはや国民のあらゆる階層がデモに参加し、デモ隊の具体的要求も「暫定政権の設立」に集約されていった。国営紙も記事内容を一変し運動の模様を伝え出す。民間の新聞も現れ、9月18日のクーデターまでに発刊された民間紙は50紙を超えた。政府による情報統制が一気に崩れていった。

民衆による「破壊・略奪・リンチ・処刑」

こうして整然としたデモが行われる一方で、8月末に政府が刑務所から一般の受刑者を8000人以上も釈放したことで、人々の間に治安に対する不安感が高まっていった。この事態に人々は条件反射的ともいえる反応を示した。各地区ごとに自警団を組織した上で、竹柵等をめぐらし、見張りを置いた。

他方、学生を中心として、刑務所から放り出された受刑者を故郷へ送り届ける手配がなされた。国鉄職員等も協力し、スト中であったにもかかわらず、彼らのために列車が運行された。市民からの寄付が寄せられ、彼らに食事等が与えられた。

だが、こうした対応策にもかかわらず、これと時を同じくして、民衆による「破壊・略奪・リンチ・処刑」行為が急増していく。人々にとっての「破壊・略奪」の対象は政府の工場や倉庫に限られ、「リンチ・処刑」の対象は、デモ隊のために路上におかれた水がめに毒を入れたり、民間の住宅地に放火しようとしたと見なされた、政府から送り込まれた「破壊分子」であったが、ヤンゴン市内でも50名程が即決の人民裁判をへて命を奪われたのも事実である。

邦人の退避勧告が出され、大使館でも人員の削減が取りざたされる。しかし私には一つの確信があった、それは、我々外国人は、攻撃の対象には絶対にならないという確信だ。行為だけを見れば、破壊・略奪・リンチ・処刑に見えるが、そこには彼らなりの論理、理屈があった。破壊・略奪の対象となったのは政府が所有する施設であり、民間の施設は除かれた。リンチ・処刑の対象となったのは、明らかに地域社会における異邦人・侵入者であり住民ではなかった。

だが、こうした事実は、軍のクーデター介入を正当化する一つの論拠を提供することになる。

運動拡大のジレンマ

9月1日、マウンマウンは国営放送を通じて、現行憲法に暫定政権の規定は無く、複数政党制総選挙を実施するには国民投票が必要であるとし、国民の理解を求めた。演説全体のトーンは、必要な手続きさえ踏ませてもらえば、複数政党制への移行、総選挙の実施は認めるといった大きな譲歩であった。また演説では、学生連盟の設立も認め、学生には選挙が公正に行われるかの監視役を務めるよう要請した。さらに、デモやストに参加した公務員を罰することはないと断言した。「もう、待てない

連日行われるデモの模様（筆者撮影）

のですか」という懇願する一言が印象に残る演説であった。

しかしながら、これに対し、学生はBSPPの解体と暫定政権の設立を迫った。9月5日「ゼネスト委員会」が全ビルマ学生連盟主導で結成された。運動の拡大によって生まれたさまざまな学生組織、市民団体などの活動を統括しようとしたものであったが、他方で、ウー・ヌ、ボー・ヤンナイン、アウンヂー、ティンウー、アウンサンスーチー等も独自の活動を展開しており、マウンマウン政権がかりに対話しようとしても、民主化陣営のほうが一本化しているとは言えない状況が生じていたのである。9日には一部の国軍兵士がデモに合流するという展開も見られたが、マウンマウン政権下で沈黙を保ってきた軍自体の動向も懸念された。学生たちの危機感も募っていった。

ほとんど統治機能を欠いていたマウンマウン政権は、最後の譲歩に出る。10日BSPP臨時党大会が開かれ、マウンマウンはその席上、これまでの国民投票実施提案を取り下げ、一挙に3ヵ月以内の総選挙実施を提案し、大会はこの提案を認めた。憲法学者としてのマウンマウンの最後の譲歩であった。暫定政権設立要求を除いて、政府側が、民主化勢力に全面的に譲歩した形となった。

これに対し全ビルマ学生連盟は、「暫定政権」ではなく「並行・臨時政権」の樹立が急務の課題であるという声明を発した。一般的な治安状況悪化のなか、国民の我慢は限界に達していた。そうした状況をつぶさに感じ取った要求であった。

9月13日、第一医科大学に招かれたアウンサンスーチー、ティンウー等（筆者撮影）

学生たちは、「並行・臨時政権」の樹立に向けて行動を起こす。まず、全ビルマ学生連盟が中心となり、種々の学生組織を統合した「全ミャンマー学生連盟連合（暫定）」を結成した。「並行・臨時政権」の実質的支持基盤となる可能性を秘めた動きであった。

その上で、9月13日、学生たちは、第一医科大学に、ウー・ヌ、ボー・ヤンナイン、アウンヂー、ティンウー、アウンサンスーチーらを招き、彼らに臨時・並行政権樹立を迫った。しかしながら翌14日にこの要請に前向きに応えたのはウー・ヌのみであった。学生たちが最も期待を寄せていたアウンヂー、ティンウー、アウンサンスーチーの3名は、学生たちに書簡を発し、暫定政権の設立は時期尚早であるとして、学生たちの臨時・並行政権の即時樹立要求を次のように断った。

「現在の状況では、暫定政権の設立は、全ての組織、全国民が真に必要とし、望むところである。しかしながら、現政権が退陣する前に、別の政権を、自分たちの願望に従って樹立することは、暫定政権ではなく、並行政権を樹立することになる。そのようなことは、革命の時期が熟していないのに、事を起こすことで、好ましからざる妨害や他の危険を引き起こすことになりかねない。現政権が退陣して、国民が望む暫定政権が設立されてこそ、国民が委譲した権力によって、今日起こっている諸問題の全てを解決することができ、全国民が望む真に民主的な政府を設立するための公正な選挙を実施するのに必要な段取りの全てを整えることができるのである。……従って、学生たちの希望は、私たちも理解、共感し、目指す目標も同じであるが、この問題に関しては、慎重に検討したすえ、現時点では、同意しかねるということをご理解願いたい」

この3名の回答によって、臨時・並行政権樹立構想は、実現の可能性を断たれた。この時の3名の判断が正しかったのか否かはいまでもわからない。異なる判断を下していればその後の政治過程は大きく変わっていったであろうことは容易に推察される。

3 クーデター以降

クーデター

臨時・並行政権構想が断たれるなか、学生たちが懸念していたように人々の我慢は限界に達しており、民主化勢力側に立った軍のクーデターすら望むようになる。その期待感は、動こうとしない軍に対する憎しみに転化し、9月16日には、自然発生的に人々が国防省前に集まり軍の姿勢を非難したため、軍と民衆との緊張が一気に高まっていく。翌17日には、貿易省を警備していた軍人とデモ隊が口論となり、兵士がデモ隊へ向かって発砲するという事件が起きる。民衆は、貿易省を包囲し、同省内にいた20名以上の兵士が武器ごと民衆側に投降する事態に発展した。この二つの事件が、軍のクーデター介入の引き金となったのである。機は熟しすぎていたのであった。

1988年9月18日、ソーマウン国防相率いる国軍は、クーデターによって全権を掌握し、国軍幹部19名からなる国家法秩序回復評議会（SLORC）を結成した。国営テレビは軍歌とともにこの事実を淡々と終日に渡って伝えた。後に失脚したものの、この時第一書記として主要メンバーの一人であったキンニュン准将の回顧録には、クーデターに先立ち、ソーマウンとともに、ネーウィンに相談に行ったとあり、一連の動きに引退後も彼が影響力を持ち続けていたことをうかがわせる記載がある。

SLORCは、政権掌握後「指令88年第2号」を発し、午後8時から午前4時までの外出および5人以上の集会を禁じた。しかし、学生・市民は、反クーデター意思表示のため、道路を封鎖したり、デモ行進でこれに応えた。こうした動きに対し、国軍は、18日夜より発砲という手段に訴えた。一連の発砲による正確な犠牲者は不明である。しかし、政府の発表ですら20日までに129名に上っており、8月上旬の犠牲者も含めれば、2000~3000名が犠牲になったのではないかと思われる。当局は、これら全ての死者は、略奪者、破壊分子であったと発表した。表立った抗議行動は急激に沈静化していった。

こうして実力行使によって、反政府勢力のデモを押さえ込んだ軍事政権は、クーデター介入の大義として、「国民大多数が望む複数政党制下での総選挙の実施」を掲げた。しかしこれは、後にアウンサンスーチーが「ミャンマー式デモクラシーの道」と「ミャンマー式社会主義への道」をもじって批判した、軍主導の民主化を意味した。

政党結成・登録許可

9月27日、当局は法律88年第4号を発し、政党の結成・登録を許可した。登録政党数は最終的に235党にのぼったが、ほとんどの政党が、結成時点では、SLORC下での総選挙参加を目的としたものではなく、民主化運動・反軍事政権運動の推進母体とするため、あるいはSLORCの政治的弾圧からの隠れ蓑として結成された。

こうした状況下、全ビルマ学生連盟やアウンサンスーチーなどの民主化勢力の動向が注目されたが、学生連盟は、ミンコーナインを引き続き議長にすえながら、国内での「非合法」組織として活動する一方で、総書記であったモーティーズンを議長とする新社会民主党（DPNS）を結成し、合法政党としても活動を展開した。

他方、アウンサンスーチーは、アウンヂー、ティンウーとともにNLDを結成し、その総書記に就任した。

以降、この学生連盟の流れを汲む組織とNLDは、互いに連携をとりつつも、一線を画した民主化運動を展開することになる。こうした政党の出現による民主化運動の再活性化を懸念した軍事政権は、10月19日、布告88年第8号を発した。この布告において、当局はSLORCが複数政党制による民主的総選挙の実施を約束し、かつ政党の結成を許可しているにもかかわらず、国軍と国民の間に亀裂を生じさせるような活動をしたり、国軍の分裂を図る煽動行為を行っている政党が存在していると、学生政党やＮＬＤなどの活動を暗に批判し、そのような言動に対しては、今後しかるべき措置をこうじていくと、彼らの行動を牽制した。以降、ＳＬＯＲＣは、この布告88年第8号を、5人以上の集会を禁じている指令88年第2号とともに、反政府・民主化運動家を逮捕・投獄する場合の法的根拠として多用した。

そうした状況下、学生諸組織への弾圧は強化され、民主化運動の中心はＮＬＤへと移っていったのである。

アウンサンスーチーの運動

ＮＬＤはアウンヂーを議長、ティンウーを副議長、アウンサンスーチーを総書記とする体制で出発したが、結党直後にアウンヂーが除名され、ティンウー議長、アウンサンスーチー総書記という体制に移行した。ティンウーは元国防相で、ネーウィン暗殺計画に連座したと見なされ失脚した人物であり、その支持基盤は、ネーウィン時代に何らかの理由により失脚した軍人であった。他方アウンサンスーチーは、学生・青年層に圧倒的支持基盤をもったのみならず、およそあらゆる階層から絶大な支持を得ていた。

国民にとっては、ＮＬＤとは結成当初よりアンサンスーチーを意味したといっても過言ではない。彼女は、まず、全国への遊説行を行い、運動の組織化をはかった。行く先々で、大聴衆に囲まれる模様は、ＮＬＤが独自に収録・編集したビデオテープによって、さらに多くの人々が目にするところとなった。演説の内容は、民主主義のイロハ、規律と団結の大切さなどが中心であり、反軍感情を煽る内容では決してなかった。むしろ、そうした姿勢は、当局の露骨な弾圧にあえぐ全ビルマ学生連盟系の学生を率いるモーティーズンから批判を受けるようなものであった。

しかしながら、当局は彼女の人気のすごさに警戒感を深め、89年4月ごろより、遊説活動の妨害、パンフレットやビデオテープなど出版活動への検閲などを強化していく。出版の自由をほぼ奪われ、自由で公正な総選挙実施にはほど遠い状況が生まれた。「大多数の国民が同意しない全ての命令・権力に対して、義務として反抗せよ」がＮＬＤのスローガンとなり、「不当な権力への反抗」路線が採用された。これは一種の不服従運動であり、その運動を通じて当局との対話による問題解決を求めたのである。

こうした動きの一つの山場になったのが6月21日のミニゴン交差点事件一周年追悼集会であった。集会後、事件現場の交差点に花を手向けたアウンサンスーチーが一時当局に拘束され、混乱による軍の発砲によってまた再び犠牲者が出た。アウンサンスーチーと軍の緊張関係は益々高まっていった。当局は国営メディアを通じて名指しでアウンサンスーチー批判を始め、反政府・民主化活動家たちの逮捕が相次ぐ。

こうした当局側の強硬姿勢に対して、諸政党は、アウンサンスーチーを代表として当局との話し合いを求めた。この動きに賛同した政党は80党を超えた。要望を無視しつづける当局に対し、アウンサンスーチーはヤンゴン市内各所で大規模な野外集会を開いて対抗した。

その一つ、7月3日に市内中心部バベーダンＮＬＤ支部のバルコニーから屋外へ向けて行われた演説では、特に軍の中立性が問題にされた。そして彼女は「対話を拒否しつづけるからこそ、このような国民への直接的な語りかけという不適切な手段をこうじざるを得ないのだ」と対話を強く要求した。さらに、軍事政権が「ミャンマーに見合ったデモクラシー」という言葉を使い始めていることを問題にして、BSPP時代の「ビルマ式社会主義」になぞらえて「ミャンマー式民主主義への道」を国民に強制しようとしているとして軍の姿勢を批判した。その上で、我々は真のデモクラシーを目指さなければならないと国民に訴えた。また「軍は、アウンサン将軍の軍なのか、ボー・ネーウィン（ネーウィン一士官）の軍なのか」といったように、軍やネーウィンを名指しで批判するに至った。道路や付近のバルコニーを埋め尽くした人々からは大歓声が起こった。私の車は、現場の1キロほど手前で進むこともできなくなっていた。

89年、バベーダンNLD本部のバルコニーから人々に演説するアウンサンスーチー（NLD撮影・編集のビデオ「ヤンゴン管区（89年6月27日）、タームェー（6月29日）、バベーダン（7月3日）におけるドー・アウンサンスーチー演説」よりキャプチャー）

　これら一連のアウンサンスーチー発言に対して、ソーマウン議長は相変わらず対話要求には応ぜず、7月5日、長時間にわたるテレビ演説を行った。そして、一部の政党が政府に対し「対決」路線を採用しているが、そのような方法は国家にとって危険であると非難した。アウンサンスーチーに対しては、名指しで「対決」姿勢をとるなと警告を発した。

　これを受けてアウンサンスーチーも再び野外集会を開いた。自宅軟禁以前に人々に直接語りかけた最後のこの演説では、ソーマウン議長の発言は、脅迫することによって国民を自らの意思に従わせようとするものであるとし、「国軍に誤った道を歩ませたのはウー・ネーウィンです。国軍もこのことをきちんと認識するときがきたのです。国軍の父、唯一の父はアウンサン将軍であることを、国軍兵士も認めなければなりません」と国軍の背後にはネーウィンがいると厳しく批判した。そして再度、直接対話による政治的問題解決を求めた。

アウンサンスーチーの自宅軟禁

こうして緊張がピークに達しつつある中、クーデター後の運動のクライマックスとなったのが7月19日のアウンサンの命日を巡る一連の動きとアウンサンスーチーの自宅軟禁である。

昨年同様、軍事政権は、外交団、遺族を招き「殉難者の日」の式典を開催しようとした。ところが、昨年は遺族代表として追悼式典に参列したアウンサンスーチーが、国民の自由な参拝を許可するように要求し、それが許されないならば参列を拒否し、国民とともに自由に参拝するという声明を発したのである。大規模なデモの再現が予想された。

結局、双方とも譲らないまま当日を迎えた。私は、確実に流血の事態に至ると覚悟をしながら自宅を出た。ところが殉難者の丘付近に学生・青年たちが集まっているのだが何故か騒然としている。車を止めて聞いてみると1枚の紙を渡される。

「アウンサン将軍は、ミャンマー国民の自由な諸権利のために力を尽くした偉大な指導者です。それゆえ国民は自由にアウンサン将軍に対して敬意を表す権利を有しています。

しかしながら、ナワタ（ＳＬＯＲＣ）政府が、国民をさまざまな手段を用いて脅しつけていることは、アウンサン将軍の目的、方針と明らかに反したものです。それゆえ、国民はアウンサン将軍に親愛の情をもって、敬意を払うために、ナワタ政府の主催する殉難者の日の式典を支持せずに、本日は各自の家にとじこもり、ミャンマー国民は、軍事政権下、自国において囚人のような状況に置かれており、全く自由が許されていないということを、世界の人々に知らしめてください」

後に「自国の中の囚人」という言葉が有名になったアウンサンスーチーが発したこの一節は、このような文脈で人々に伝えられたのである。厳重な警戒態勢を敷いた軍の動きを見ての苦渋の選択であったのだろうが、この突然の計画変更に納得しない学生・青年たちは、計画通りに行進を行おうとし、警備に当たっていた軍と衝突した。また、新たな負傷者、逮捕者が出た。

翌20日、ＳＬＯＲＣは、アウンサンスーチー、ティンウーを国家破壊防御法に基づき自宅軟禁措置にしたほか、ヤンゴン管区のみで80名以上のＮＬＤ党員の逮捕に踏み切った。アウンサンスーチーを含むＮＬＤの主要活動家は、学生連盟の主要活動家とともに、政治の表舞台から追放されたのである。民主化運動物語の第一幕が終わった。アウンサンスーチーが第二幕に登場するのは、それから６年後の１９９５年７月10日であった。

おわりに

アウンサンスーチーの自宅軟禁によって、ＮＬＤの活動、民主化運動は一時期低迷する。軍事政権は「ミャンマー民主主義への道」を進んでいき、1990年5月27日、遂に総選挙を実施する。主要指導者を欠いていたNLDには、もはや選挙で勝利する力は無いとの確信があったのであろう。ところが、それまでほとんど活動をしていなかったかに見えたNLDが総選挙1ヵ月前から選挙運動に動き出す。キャンペーンのスローガンは「スー（アウンサンスーチー）が勝ってこそ幸せになれる」。「貯めてこそ、金持ちになれる」という銀行の標語をもじったものであった。総選挙結果はNLDの地すべり的勝利であった。この予想外の結果に直面して、SLORCの姿勢は急変した。投開票に関しては「自由」で「公正」に行ってきたにもかかわらず、その結果を反故にしたのであった。

政権移譲の前提として、新憲法の制定という一幕を挿入する。18年の長きに渡る幕であった。

2016年の今、テインセイン政権の第三幕が終わり、NLDが主役を演ずる第四幕がはじまった。シナリオのない幕開けなのかもしれない。ヤカイン州の州統括大臣職を巡るNLDの強引ともいえる姿勢、「法治国家」を目指しながらもアウンサンスーチーが国家指南役（顧問）になるという奇妙な事態など、その幕開けは私の予想をはるかに超えている。そのような状況下、忘れてならないのは、この幕開けは、第一幕を演じた人々の犠牲の上に上演されているということである。願わくば、ミャンマーの人々の考える民主主義を実現する幕であってもらいたい。

コラム2

88年世代の別のニーズ

２０１６年３月10日、私は久々にミャンマーに足を踏み入れた。２００７年、ジャーナリストの長井健司さんが射殺されるという事件の直前に訪問して以来、10年近くの歳月が流れた。ビザが下りづらいなど、いろいろな事情があってのことだが、ヤンゴンの変貌振りには正直驚いた。私が外務省の専門調査員としてミャンマーに長期滞在したのは、１９８８年３月から90年２月までの約３年間であったが、連日の市内視察で叩き込んだ当時の面影は全く無かった。同様に、昨年来の政治的変化も大きかった。以前に比べ圧倒的に自由な雰囲気を感じ、人々の表情も晴れやかであった。88年に運動の先頭に立った、いわゆる「88年世代」はこの変貌振りをどのように感じているのであろうか。聞いてみたいと思った。

今回の訪問ではある友人との約束を果たした。88年のクーデター以降、アウンサンスーチーが地方遊説に力を入れたことは本文で書いたが、その際ＮＬＤが編集した１２０分のビデオテープをデジタル化したものを届けた。ビデオテープで27本分の映像記録である。実はミャンマーから帰国する際、ダビングして返すと申し出ていた。アウンサンスーチーが自宅軟禁になったとき、当局によって全て押収されてＮＬＤの手元にはなかったからだ。その時友人から返ってきた一言は「今戻してもらっても、また押収されてしまうだけだ。だから、民主化したら返してくれ」だった。改めて現実の厳しさを思い知らされた。それから26年、いつ返せるのだろうかずっと気にかかっていた。今回の訪問でやっとその約束を果たすことができた。27枚のＤＶＤを見せたとき、「こんなにあったのか」と友人は感慨深そうにつぶやいた。早速友人の紹介でNLDに返却することになった。だが、担当者の対応はいまひとつで、DVDの価値をあまり理解していないようだった。ちょうど新大統領選出の時期と重なり、もうそのことで頭がいっぱいだったせいもあるのだろうが、もう少し反応してくれるかと考えていただけに、多少残念ではあった。しかし約束をやっと果たせて心の重荷は下ろすことができた。

数日後、その友人がある人物に会ってほしいと言ってきた。名前を聞くと、88年当時、学生連盟や新社会民主党の執行部で活躍していた人物であった。現在は政治とは直接関わっていないが、ミンコーナイン氏らと88年資料館を設立し、当時の資料の収集に当たっているという。お会いして話を聞いた。資料収集に努力はしているものの散逸が激しくままならないという。収集状況を詳しく聞いてみると、確かに私の手元にある資料のほうがそろっているのかもしれない。どの程度役立つかわからないが、とりあえず彼が必要としている新社会民主党関連の資料をデジタル化し渡すことを約束した。

帰国後、彼から頂いた著書を読んだ。注記もきちんと付されていたが、やはり私の手元にはあるが彼の手元にないものも少なからずあるようだ。当時民主化勢力は、海外に自らの活動をアピールするために、競って情報提供してくれたからだ。結果的に私の手元に集まった資料のほうがより包括的になったのだろう。それが今私の研究室で眠っている。今後ミャンマーの政治はNLDを中心に展開していくであろう。ひょっとするとNLD中心史観のようなもので一連の民主化運動が語られていくかもしれない。

彼に会って、88年世代の別のニーズを垣間見た気がした。手元にある資料のPDF化に取り組んでいかなければならない。

（伊野　憲治）

第3章

軍政内部からみた民政移管の深層

宇崎　真（ジャーナリスト）

1　私にとってのプラスワン

生まれて初の外国訪問先はビルマだった。1971年12月のことだ。入社2年足らずで念願のベトナム戦争取材でハノイ（当時北ベトナムの首都）の特派員として赴任することになった。日本からまずバンコク空港トランジットでラングーン（現ヤンゴン）に入る。そこから唯一ハノイに飛ぶ民間航空のアエロフロートをつかまえる。その方法しかなかった時代だ。出国時の持ち出し制限額の500米ドルを手に初の搭乗体験となった。

ラングーンのインヤレイクホテルで緊張と不安の二晩をすごした。北ベトナム大使館の書記官らが入国ビザの手配をしてくれ空港まで送ってくれた。

当時のビルマは62年のネーウィン将軍のクーデター以降「ビルマ式社会主義」を標榜していた。周辺国はそれぞれ激しく揺れ動いている。中国は文化大革命の矛盾が激化し「毛沢東暗殺計画」や「林彪事件」が発生していた。マレーシアでは史上最悪の民族衝突（反華僑運動）が起きていた。タイはタノム元帥のクーデター、フィリピンはマルコス政権による戒厳令前夜を迎えていた。そのなかにあっては、仏教と農業重視の「ビルマ式社会主義」は表面穏やかに安定していた。熱帯のカッとする暑さとけだるさ、静寂をやぶるカラスの群の鳴き声がやけに印象に残った。

アエロフロート機は大幅に遅れ、ハノイの手前ラオスの首都ビエンチャンで停泊するという。小国ラオスは鋭い国際政治の大きな嵐のなかで翻弄されている。戦時のあだ花がむき出しになる。米軍の

ＰＸ商品や免税（脱税）の消費物資が山と積まれている。阿片窟があり大麻入りラーメンがごく普通に売られている。赤いネオンの夜町にはシャネルの化粧品や高級ウイスキーを買い求めるタイ富裕層や商人の姿でざわついている。

海外初体験にしては強烈な光景をみたあと、ようやくハノイに入った。ＮＤＮ（日本電波ニュース社）の先輩らに迎えられ政府指定のホテル（トンニャットホテル）に着く。周辺国とはまさに隔離された、質素で「抗米救国」真一文字の世界がそこにあった。それから2年余、米軍の爆撃下での取材等を経験した。Ｂ52の絨毯爆撃があり、撃墜され捕虜となった米軍パイロットの取材があり、キッシンジャー米大統領特別補佐官の秘密訪問も目にし、パリ和平協定に沸くベトナム民衆の姿も目の当たりにした。戦時はヘルメットとムービーカメラ（戦場の名器ベルハウエル70ＤＲやアリフレックス）と懐中電灯を枕元に置いて寝る日常だった。

東京本社に戻って「そろそろ嫁さん探しを」と思っていたら「ベイルート支局開設を命ず」との社命を受けた。母親はようやっと命拾いして帰って来た息子の運命を嘆いた。だがその後辞令は撤回、「インドシナ戦後の東南アジア情勢をフォローするためバンコクに支局を開設したい。各社常駐特派員も三ヵ月に一度は他国に出てビザを取り直す必要があるとわかった。ついては家族持ちでは経費がかかる。独身の君に頼みたい」と新たな社命が出た。

バンコク赴任は1974年春だった。バンコクに支局をもつ日本のマスコミは朝日、毎日、読売、東京、産経、共同通信、ＮＨＫ。テレビ関係ではＮＤＮは二社目であった。インドシナ情勢を追うのが主要な役割でもある各社諸氏はハノイ経験のある筆者に親身に接してくれた。その反対に日本大使館は冷たかった。というより敵対的ですらあった。警視庁公安部から出向の書記官はわざわざタイ警察に「あの男はハノイからの回し者、気を付けたほうがいい」と触れ回る始末だった。

どこの報道各社もビルマにはてこずっていた。ジャーナリストにはまず入国許可が出ない。74年1月には「ビルマ連邦社会主義共和国」となり革命評議会は人民議会へと名を変えネーウィンは大統領となった。「民政移管」である。ときおり外部に伝わってくる軍や政権内部の対立や衝突も取材できず、もどかしかった。

ある僧侶がビルマを訪問するとの情報を得た筆者は、その世話役（普通は少年僧）になりすまし念願のビルマに入国した。だが、取材らしいことはできず、ただ寺院訪問と托鉢修行の世話に追われる羽目となった。困難であればあるほど攻略したくなる性分の筆者にとってビルマ（後にミャンマー）は常にプラスワンであり続けてきた。

1976年10月のタイのクーデターの後、筆者は日本に帰国した。それからはデスクや管理職となり役員も経験した。そのわりには頻繁にアジア各地に出没していた。しかしミャンマーはやはり攻略しがたい存在だった。

1992年、22年間のNDN所属から離れフリーランスの道を選んだ。組織人、企業人とは異なり全て自分で決め自分で責任をとる、なんとかミャンマーの懐に入り込んでみたいものだと考えた。ミャンマー報道といえば、日本や欧米のマスコミも軍事政権とアウンサンスーチーの対立を軸にしたものであり、それも断然スーチー寄りであって軍部の内情や実態はほとんど伝わってきていない。ならば遠回りになってもいいから誰もやっていない方法で知られざる国へアプローチしてみようと考えた。

手始めは、主にミャンマー北部山岳地帯や中国国境にひろがるゴールデントライアングル（黄金の三角地帯）＝世界的な麻薬生産地への潜入取材だった。

2　ビルマ辺境の麻薬地帯へ

93年、麻薬王と称されるクンサーの支配区への最初の潜入をこころみた。タイ北部メーホンソンの国境地帯で馬を借り上げ、いまにも谷間に引きずりこまれそうな山岳道を行く。無論非合法の世界である。急坂の上りは手綱をギュッと引き上体を馬の首につける。下りは上体を馬尻に接するほどに反る。この下りが怖い。馬が尻を左右に振ろうものならあっけなく転げ落ちる運命となる。8時間もの苦行の末到着すると、ありえない光景が目に入った。艶やかな女性レポーターが大きなビデオカメラの前でしゃべっている。面喰らいながらそのわけを聞く。台湾テレビの取材班だった。バンコクからヘリコプターでやってきたと事もなげに言う。台湾系華僑の影響力でタイ空軍ヘリをチャーターしたというのだ。台湾では今なおミャンマー山間部、北タイに残留する旧国民党関係者らを支援する空気がつよい、そのなかにはクンサーも含まれる、との解説付きだった。クンサーを描いた番組は反響をよび支援カンパが大量に集まった、それを届けにきたのだ、とも言った。

インタビューで筆者はクンサーを怒らせてしまった。「あなたは世界最悪の麻薬王と呼ばれていますね」とか「ヘロインの精製はやっていないという根拠を明確に示してほしい。あなたの支配区ではケシ栽培が奨励され生アヘンの運搬にはあなたの軍隊が護衛している。国際麻薬王といわれても仕方

左：麻薬王クンサー（1995年、本拠地で。宇崎真撮影）
上：クンサーが率いるモンタイ軍（宇崎真撮影）

ないのではないか」とのっけからぶつけたものだからクンサーは興奮し、「この地に来て俺に向かってそんなこと言うのか」と睨み付けてきた。だが翌日からクンサーの態度に明らかに変化が見えた。「お前みたいなヤツは初めてだ。いい度胸している」と。「私はどこでもいつでも同じ態度で通す。相手によって言葉を変えたりしない」「本当にそうか、じっくり確かめさせてもらう」そんなやり取りがあった。

支配区を出てタイ領内に再び戻った。当然密入国である。取材した映像はタイの民間テレビ、チャンネル3の報道局に持ち込んだ。クンサーの本拠地には同テレビ局の電波だけが届いているのを目撃していたからだ。チャンネル3とは、筆者の現地レポート部分と同局取材のタイ政府の見解とを明確に分けて放送することで合意した。夕方のニュース後の企画コーナーを1週間ぶち抜きで特集することになった。クンサーは初めて自分が登場する番組放送を連日リアルタイムで見ることになったのだ。

二回目に会ったときクンサーは番組でたたかれているにもかかわらず上機嫌だった。そして筆者に「こっちで働かないか」と誘ってきた。それは無理だと断ると、クンサーは盛んに残念がった。それから半年以上たったある日、見知らぬ名前の郵便物が届いた。小型の録音テープに聞きなれたクンサーの声が吹き込まれていた。「悪いけど君の過去も調べさせてもらった。大学で何をやったか、もだ。君のそばにいる友人よりも俺のほうが君のことをよく知っている。こちらのスタッフになってほしいとの要望はあきらめる。だが、近く動きがある。是非きてくれ。面白いものをお見せする」そこで声は切れていた。

95年、筆者は三度目の潜入を図った。クンサーが見せたかったもの、それは想像の枠をはるかに超える光景だった。

カーター米大統領時代の特別補佐官ピーター・ボーンがそこにいた。話の筋はこうだ。歴代大統領による米国の麻薬対策は世界最大（当時）の麻薬生産地の頭目をたたく、その力を削ぐためなら何でもやる、内部で対立する勢力をも援助する、というものだ。それを継続してきた。だが、クンサーの支配力が相対的に低下しても、麻薬生産量の全体も米国への流入量も減らない、これはおかしい、どこか齟齬をきたしている。カーター元大統領はそう判断しピーター・ボーンをクンサー本拠地に派遣、直談判を計画しクリントン大統領に進言する。クリントンは興味を示すがゴーサインは出せない。クンサーは最大の国際麻薬犯であり、米国籍の者が接触するだけで犯罪行為とみなされる。現職を退いているとはいえ要職だった人物がクンサーと会うのを大統領として認めるわけにはいかない。見ぬふりをするから事後の報告だけくれ、ということになった。ところが、その動きをキャッチした米中央情報局CIAと麻薬取締局DEAは大反発する。これまでの活動を否定されるに等しい。そこでタイの政府と軍に大物密使のミャンマー潜入を阻止するよう要請する。しかしタイ側は、米大統領の「暗黙の了解」があったらしい、下手に手出ししないほうがよいと決める。ただこの秘密訪問が外部に漏れるのは絶対避ける、複雑な国際問題に発展しかねない。それで最高度の監視体制をとることにしていたのだ。だから筆者の動きもタイ軍最高司令部情報局は事細かにフォローしていたわけだ。

いつもは使わない別のけもの道を歩き時間も倍近くかけタイ領内に戻った。深い森のそろそろ国境線を越えたあたりかと立ち止まった。と、その瞬間スッと現れた軍情報部員らに囲まれた。「不法な密入国を犯したことを認めるか」「はいその通りです」。メーホンソンの地裁の簡易法廷で「第三国への追放処分とする」との判決を受け筆者はバンコクに護送され数時間イミグレ留置所、そしてドンムアン空港から第三国マレーシアのペナン島に「追放」された。

そして翌日筆者はバンコクに舞い戻った。タイ国軍最高司令部がイミグレ警察に「この人物はブラックリストにのせるな」と要請したとの情報を得ていたからだ。

クンサーはみずから招いた人間が国外追放されたと知り何度も悔しがったという。この後何ヵ月かしてクンサーは政府軍に投降、ヤンゴンで十年余の「軟禁生活」を送り2007年10月死去した。

3　ミャンマー大財閥オーナーは元麻薬王

次いで筆者は、クンサーの前の麻薬王ローシーハンに会ってみたいと思った。ミャンマーの裏舞台から大財閥のオーナーとなったこの人物には数知れぬ秘話があるからだ。同じような動機でアプローチしていたアドリアン・コーウェル（英国人ドキュメンタリスト）から依頼がきた。「本人に連絡するから、私の代わりに会って話を聞いてきてほしい」という。97年のことだ。彼は軍事政権に睨まれ入国不可だったのだ。

願ってもないチャンスだ。ヤンゴンの空港近くローシーハンの家は厳重な武装警戒をしていた。正門には機関砲が据えられている。会ってみるとローシーハンは気さくなおやじ風だ。だが話のなかみは凄い。

73年彼はいつものようにタイ軍から協議の申し出を受ける。なんの警戒もなく国境を越え単身タイ側に出た。タイ側は大事な相談があるからと近くに待たせておいたヘリコプターに乗せチェンマイまで運ぶ。そして身柄を拘束しドンムアン空港に搬送、そこでビルマ軍事政権に引き渡す。これらの逮捕劇をプロデュースしたのは米国である。当時のタノム政権は黄金の三角地帯の麻薬ビジネスに関与しローシーハンとも当然友好的な関係にあった。それを承知で米国は、同政権と軍に一説で３００万米ドルの報奨金を出すからと持ちかけ麻薬王逮捕をさせたのだ。

ビルマに護送され刑務所に入ったローシーハンに軍事政権が接近しある取引を迫った。１９８８年の民主化運動が最高に高揚したその翌年である。軍政を代表して序列3位のキンニュン将軍が会いに来た。ラングーン中心に全国的に軍政打倒の声が高まっている。その上辺境の少数民族が連帯して反政府武装闘争に立ち上がったら軍政はもたない。あなたの影響力をつかってわが軍政と反政府武装組織間の平和協定をとりまとめてほしい。うまくいったらあなたとファミリーの身柄も今後の経済活動も全て自由にする。そういう内容だった。

ローシーハンは出身地のコーカンはもとよりワ族、カレン族、シャン族、カチン族などの有力な少数民族のリーダー間をまわり「平和協定」の内容をまとめる。眼目は麻薬ビジネスを含めこれまでの経済活動は認める、武器も保持してかまわない、ただ軍政反対の武装闘争だけは控える、という点にあった。これは少数民族武装勢力側にとって都合のよい条件である。そこで「平和協定」は締結の運びとなり、約束通り軍政はローシーハンのあらゆる経済活動を保障することとなった。ヤンゴンのスーレーパゴダ通りの絶好の場所にホテルを建設したいと申し入れたら、軍政側は2ヵ月も経たない内に住民を強制立ち退きさせた。そしてトレイダーズホテル（現在はシャングリラホテル）が建った。

ローシーハン一族はアジアワールドを立ち上げる。国家予算が乏しく公共事業はほとんどアジアワールドのような民間企業体が資金を供出する。必然的に完成後の収益は長期間にわたってその企業体のものとなる。空港、港湾、中国との幹線道路等ヒト、モノ、カネの流れの要所をアジアワールドが抑えミャンマーを代表する大財閥となった。

会うにつれローシーハンの口調は滑らかになる。「毎週土曜キンニュン、その側近らとゴルフをやる。君も参加しないか」との誘いもくる。やがて「実は息子にホテル業を任せているのだが、ビジネス熱心のあまりまだ独身なんだ。キミイ、日本人女性の嫁候補をさがしてくれないか」という依頼までくる。ゴルフはまだしも結婚相手の紹介はさすがに応じられない。ローシーハン一族の前身を知ってしまった以上そのことを隠して結婚相手を紹介するわけにいかないからだ。

クンサー、ローシーハンとの接触を続けながら麻薬地帯のもう一方の有力組織ワ軍の支配区に95年11月取材を試みた。ワ族代表と何度かの交渉を経てタイ最北端のメーサイからミャンマーに入りチェントンでワ軍組織との話し合いをもった。かれらは取材を受け入れる条件としてワ軍の扮装をしてほしいという。扮装といっても軍服支給と軍の階級を一時的に与える、という本格的なものだった。筆者はワ軍大佐、同行のタイ人2人は大尉と中尉に扮装した。そこから北部の中国国境地帯への旅が始まった。特別許可証と軍人姿なら行動自由という話だったが、実際に旅が始まると次々と難問が出てきた。

雨季明けの道路は泥沼状態で遅々として進まず、膝までどっぷり足をとられ、100キロを行くのに1週間かかってしまった。しかも行く先々でその地域のリーダーが登場し「ここからは俺の許可なしには通さない」と言い張る。そのうちそのリーダーの知り合いだか親類だかが同乗してくる。ついにピックアップトラックは鈴なりとなり変装佐官、尉官は隅っこで小さくなるしかなかった。そしてようやく到着した本拠地パンサン近くの町ホアタウにはワ赤軍が派遣されてきて我々は「武装解除」され、いまにも拘束されそうな雰囲気となった。しばらくして話し合いがつき平服着用、あまり歓迎されないそれなりの客の待遇となった。

撮影は禁止されたが、自由に動き回ることはできた。観察すると、盗難車のルート、人身売買のルートはほぼ麻薬ルートと重なり合っていることがわかった。そしてその利権をめぐる抗争があり「縄張り争い」が続いていることも判明してきた。それが収穫といえば収穫だった。無事帰還できただけでもよしとするしかない。3週間余のワ軍支配区滞在を終え、後になって同時期に作家の高野秀行が「アヘン王国」に長期滞在していたことを知った。なんと約7ヵ月間も、と知り脱帽するしかなかった。

4　軍政内部の抗争とタンシュエ独裁への面従腹背

2人の麻薬組織頭目との接触があり、反政府から軍政側に「寝返った」人物の紹介もあり、首相となったキンニュンが統括する国軍情報部から何度か声がかかった。「外国人立ち入り禁止地区を含めてどこでも行かせてやる」という誘いもあった。シャン州の奥地に行きたいと申し出た。経費はすべてこちら持ちだが、特別許可証と同行の軍幹部1人を用意してくれた。軍政内部で一触即発の権力闘争が激化していることを知ったのはこのときだ。

ラングーンから陸路20数時間もかけて夕暮れ時に目的地に到着、ぐったりと寝ているとけたたましい警笛で飛び起きた。十数台の大型バイクや四輪駆動に分乗した軍人が20名以上も険悪な表情で押しかけている。いきなり「この地域を出てラングーンに帰れ」と命令を下された。キンニュンの署名入りの特別許可証を示しても一切無視する。多勢に無勢、同行の軍情報部員も気弱になっていた。仕方なしにまた20時間余かけラングーンに戻り筆者は説明を求めた。対応に苦慮した情報部は「実は重大な事態が……」ときり出し機密事項を語り出した。

「軍内部の対立抗争で政情は極度に緊張している。だから、最高指導部の会議も銃器は全員預けてから席につくと申し合わせているくらいだ」と。

他の情報筋からもより具体的な事情が明らかにされた。「キンニュン追い落としが開始された。キンニュン派は全て見張られている。キンニュンがやることはつぶせ、どんなものでもつぶせ。その指令が軍のトップから地方の軍に下りてきている。だからあなたの取材についてもつぶせという指示なのです」

このあと間もなくキンニュン首相は失脚し逮捕され、軍情報部員をはじめキンニュン派とみなされた幹部の大多数は逮捕投獄、自宅軟禁となった。タンシュエ独裁が始まった。２００４年10月のことである。

この年は別のルートから軍の地方司令部とも連絡がとれるようになった。北朝鮮の金賢姫による大韓航空機爆破事件の取材に関連してである。88年ソウルオリンピックの前年に起きたこのテロ事件は未解明の謎が多く残されている。墜落地点も特定されず、遺体は一体も収容されないまま関係国は調査を打ち切ってしまった。韓国政府は機体の残骸を十分科学調査することなく廃棄してしまい、犠牲者家族や世論の批判を受けた。

ミャンマー沿岸のアンダマン海のどこかにまだ解明の手掛かりとなる機体がバラバラに沈んでいると考えた筆者は国軍幹部に連絡をとった。可能性をさぐると意外に前向きな答えが返ってくる。83年に北朝鮮が「アウンサン廟爆破事件」を起こし韓国の政府指導者多数が犠牲になった。そのためミャンマー政府は北朝鮮との外交関係を断った状態を続けていた。どうやらアンダマン海を管轄する軍司令部（タニンダーリ管区）の了承を取り付ければできそうな感じだ。当時軍の8位のランクにいた管区司令官は率直で物怖じしないタイプとして知られていた。独裁者タンシュエにも意見する数少ない将軍だ。将軍は国防省に俺が責任をもつとの書類を送り、国防省から我われＴＶ取材班に招待ビザが発給された。これは軍政初の出来事らしく、在バンコクミャンマー大使館はなかなか筆者の申請書に目を通そうともしなかった。最初からありえないことだと繰り返した。二、三日の押し問答を経ても埒があかず筆者はその将軍に実情を訴える電話をかけた。結局国軍からきつい咎めが大使になされビザ発給の運びとなった。

取材にはシンガポールの海底調査専門の会社や日本の水中撮影隊の応援も得た。ミャンマー側は海軍が協力してくれた。その模様はテレビ朝日の特番で放送された。

撮影終了後その将軍との会食がセットされた。「次の昇進先はどうなりそうですか」「中央で大臣になることはありますか」と尋ねると「大臣のポストなんて言わんでくれ。縁起でもない。それはなあ、もう出世を諦めた人間の仕事だよ」という答えが返ってきた。軍事政権とはこういうものなのだと改めてはっきり認識した瞬間だった。その後将軍はカチン管区司令官となったが、口が災いしタンシュエから切られたとの情報が伝わってきた。

タンシュエが独裁体制を築いた2004年以降軍政の情報収集力は急速に低下した。軍情報部解体と情報幹部らを根こそぎ逮捕したことによる機能マヒ状態に加えてタンシュエ独裁への面従腹背の傾向が幹部クラスで広がった。

2007年の僧侶、市民らの民主化要求デモの急激な拡大を予測できず軍政による対策は後手後手にまわった。ヤンゴンでの弾圧をタンシュエが命令してもヤンゴン管区司令官はすぐに従おうとはしない。だからタンシュエは軍靴を常用しない地方軍を動員したのだ。

2007年9月27日最大都市ヤンゴンは重苦しい雰囲気に包まれていた。この日は朝から軍隊の大弾圧を予想させる事象が起きていた。僧院に突入した兵隊が僧衣をはぎとり、お前はもう俗人だといって暴行を加え逮捕していた。鉄条網がデモ隊や座り込みの場所に設置された。何かが起こると市民の誰もが恐れた。こういうときは冷静に、慎重にと自分に言い聞かせた。筆者の目にもあまりに無防備ないでたちと撮影の仕方のカメラマンが一人いた。それが長井健司だった。

市民に大量の死傷者を出し長井カメラマンが銃殺された翌日、筆者にある軍幹部から連絡が入った。「ビデオ映像を見に来ないか」という。暗くなりスタッフが帰ったあとの執務室に出向くとその幹部はいくつかの映像を見せてくれた。てっきり筆者はデモ隊の市民カメラマンから押収した映像だなと思った。だが、幹部は「違う、これは我々のスパイによる映像なんだ」と語り出した。

どの映像もびくびくしながら撮っている。市民が勇気を出せと己に言い聞かせながら恐々と撮影しているのと寸分変わらない。だが、説明を聞くうちに腑に落ちた。独裁は必ず縦割りの指令系統となる。軍隊の送り込むスパイを秘密警察は知らない。警察のスパイがだれかを軍は知らない。だからスパイ自身もいつ誤認され軍政の別組織から撃たれるかわからないのだ。それにしても外国人記者にこれらの映像を見せるのは国際的に知らしめたいのか、との筆者の問いに幹部は言明した。「そうだ。タンシュエのやり方はひどすぎる」と。そして「私がみていない内にコピーをとるなりしてくれ」。

当時ひろく出回った軍弾圧の証拠映像の何割かは筆者が持ち出したものである。だがそのコピーテープを空港から持ち出すときは正直ドキドキだった。オフィスを辞するとき軍幹部は「幸運を祈る」とだけ言い、空港セキュリティにまで手を回してくれてはいない。したがってあくまで「そこは自力と運の強さでやってくれ」ということだった。

不思議なことがホテルでも起きていた。長井射殺事件の前日、ホテル側から最上階のエグゼクティブフロアに移るよう言われた。筆者の常宿は例のトレイダーズにしていた。地の利は最高だし宿泊客が少ないため大幅ディスカウントしてくれていた。

同ホテルには10名を超える欧米の記者カメラマンが宿泊している。報道陣の泊まるホテルとして知られていた。軍政の監視と弾圧はこのホテルにすぐ及んだ。しらみつぶしに各部屋を調べあげジャーナリストを見つけ次第拘束し空港から国外退去させていた。しかし最上階はホテル側にとっての上客でありジャーナリストはいない、とホテル側は主張、軍もそれを認めたのだった。こうして筆者は何日もトレイダーズの最上階から日本の各テレビ局への「現場レポート」（当時の事情から仮名をつかったが）を送ることができた。オペレーターもそのことを秘密警察に密告せず筆者を守ってくれた。

翌2008年5月サイクロン「ナルギス」がミャンマー南部を襲い、14万人近い犠牲者を出す大災害となった。翌日早朝便でヤンゴン入りした。空港から市内までの光景に息を呑む。

いつもの緑豊かなヤンゴンはズタズタにされていた。

被害者への救済は後回しにされ治安対策ばかりが優先されている。ミャンマー人ジャーナリストにも被災地取材禁止令が出ている。日本を含む外国人ジャーナリストもみな行く手を阻まれ拘束―空港送りが行われていた。筆者はその対策が構築される直前だったのだろう、首尾よく被災地の撮影ができ、直ちにバンコクに戻りテレビ朝日「報道ステーション」で第一報を流した。それを見たＮＨＫ「クローズアップ現代」から撮影依頼がきて「もう一度入ってくれるか」という。

再度エヤワデイーデルタに入ろうとして筆者も拘束されてしまった。デルタの入り口の村である。家屋も家畜小屋も押しつぶされ吹き飛ばされている。その廃墟のなか20人近い僧侶の托鉢の列が進む。

すると拾い集めた米粒を手にした農婦らが冠水した道路に正座し僧侶に米粒を差し出す。この映像を逃してなにがドキュメンタリーか、と咄嗟に車から飛び出しカメラを向けた。レンズが曇る。湿度とこぼれる涙のせいだ。あまりに心に突き刺さる光景だったためアングルを変えポジションを変え執拗に撮りすぎた。秘密警察の目はそれを見逃さなかった。

連行された警察署には取り調べのため計8部署の担当官が飛んできた。秘密警察、軍事警察（MP）イミグレ警察、公安、地元の警察、軍管区司令部、地元の軍基地、そして臨時に派遣された被災地治安部隊。それぞれが旅券コピー、顔写真、調書作成をやるものだから非効率この上ない。そこでヤンゴンから統括責任者を派遣し一本化することとなった。待つこと2時間、やってきたのは軍幹部の顔見知りであった。

幹部は見るなり「やっぱり君か。そうじゃないかと思ったよ」と言い放った。周囲の面々はその瞬間ギョッとしてがらりと態度が変わった。筆者を拘束した秘密警察官は「失礼しました。いま食事を用意させます」とそそくさと奥に入っていった。

無罪放免となった筆者は更に先に進もうとした。だが、次の検問所でひっかかり今度は二進も三進もいかなかった。夜半ヤンゴンに戻されると既にホテル側にもドライバーにも厳重な脅しが入っていた。この先も協力してくれる人物は周囲にもういない。そこで一計を考えた。別の軍幹部に頼んで公用車を借りる手がまだある。その幹部の新車トヨタランドクルーザーの窓にはフィルムが貼ってある。運転手も軍人だ。これなら検問所突破も可能ではないだろうか。だがリスクもある。筆者が再び拘束されるのは構わないがその幹部に迷惑がかかるのは避けねばならない。思案のしどころだ。

が、彼は単純に言った。「多少リスクも確かにある。カネで解決しよう。1日800米ドルでどうだ」

筆者はそれにのった。想定外の高値だがこのさい致し方ない。案の定、どこの検問所もフリーパスだった。筆者は後部座席にどっかと座り顔を見せる必要もなかった。こうして「クローズアップ現代」の特集は実現した。スタジオレポートは知己の榎原美樹にやっていただいた。筆者の側にもまだ顔出しはリスクがありすぎた。

長井カメラマン射殺に戻ると、この事件は国際的な大反響を呼んだ。その瞬間を望遠レンズでとらえたロイター通信アドリーフ・ラティーフの写真は2008年度ピューリッツァ賞を獲得した。

筆者はトラックで乗り付けた兵士らが催涙弾を撃ちデモ参加者に銃撃を加えた瞬間、市民とともに逃げた。だから長井カメラマンが倒れた瞬間は見ていない。

「日本人カメラマンが撃たれた」との第一報はかけめぐり、バンコクの留守宅にもNHKから問い合わせが入った。妻は「夫は確かにヤンゴンに行っていますが……」と答えるのが精一杯で生きた心地がしなくなったという。

現場に2人だけいた日本人同業者の1人が殺されたのだ。筆者はなんとか軍政に弔い合戦を挑みたいと思った。

2008年3月「当時軍部内部では、デモ隊側からカメラを構える者には撃ってよいとの秘密指令が出ていた」との情報がもたらされた。それを入手して軍による計画的殺害の証拠として暴きたいと思った。それには2ヵ月を要した。調べていくとその秘密文書は18通配られたという。それは最高幹部会議の場ではなく、ヤンゴン弾圧部隊の作戦会議の場であったということもわかった。もしも最高幹部会議なら異論、反論も出ただろう。

その秘密指令文書はある軍佐官が休暇で地方旅行するときに持ち出し手渡してくれた。文書は2ページ、各ページに「機密」と書かれ「ヤンゴン管区暴動鎮圧組織」名の命令書となっていた。鎮圧方法について詳細な指示が明記され「カメラ、ビデオカメラ、録音機を所持する者は最重要射撃対象である」「その人物をその場で逮捕せよ。それができなければ撃て」とあった。

長井射殺事件の一周年にあたる2008年9月27日のTBS報道特集、翌日の毎日新聞でこの軍機密文書の存在が報道された。

5 民主改革の裏に国軍最大のピンチ

2007年から2008年へと続いた大波乱を表向き軍政は乗り切ったかに見えた。だが、深部で噴火のマグマは醸成されていく。タンシュエ独裁体制は内部からガタがくる。それを抑えるためにタンシュエは軍人事で敢えてタンシュエ批判派の昇進という手を打ったりした。

ミャンマー軍部社会では、タンシュエの能力を高く評価する者は少ない。軍人としての実戦経歴でも目立った功績はない。そこはトラシェマン、テインセインらとの違いだ。だが、多くの軍幹部がタンシュエは人事の術に長けているとはいう。それと財力だ。

テインセイン（軍序列で4位）はタンシュエとは対極にあると言って差し支えない。シャン州軍管区司令官として最も戦闘が激しい地域での実績があり利権とは関わってこなかった。そして権力欲も少ない。だから現場の軍人のなかでの信頼は厚いのだ。

２０１０年、転機が訪れる。民政移管への動きが表面化し加速化していく。それを主導したのは大統領になったテインセインである。その後のテインセイン大統領の改革努力は国内外を驚かせた。タンシュエが院政をしいて権力を保持するための大統領人事だとみられていたのに、矢継ぎ早に改革を推し進め始めたのだ。テインセイン大統領側近らも遠慮がちにアドバイスした。「急ぎすぎではありませんか。強い反撃があるのではと心配です」。それに対して大統領は「憲法上の任務を全うするだけです。私はこの職務の規定給料だけで十分です」と答えたという。失うものはないと覚悟した人間は強い。その境地はカネと権力の亡者にはとても読めなかっただろう。

それにしても大統領の個性や意志だけであの改革ができたというのは単純すぎる。どういう力学が働いたのだろう。

２００４年に独裁体制を確立したタンシュエのパワーの源泉は人事とカネである。昇進と序列は軍部内ではとりわけ絶対の意味がある。そして権力と利権に直結する昇進には当然カネがつきものだ。タンシュエに対する上納は膨大な額にのぼった。その一例はタンシュエの実娘の結婚式（２００６）の「祝い金」で、夫人の言では５０００万米ドルに達したという。おりしも国有企業の民営化、国有地の払い下げがブームを迎えていた。クローニー（軍政の取り巻き財界人ら）と将軍らは金のなる木の争奪に奔走した。

テイザー（トゥーグループ）はタンシュエ一族とのコネで巨万の富を得た。ミャンマー初の民間航空会社エアーパガンを設立、木材輸出、銀行、観光事業、道路や橋の建設、携帯電話サービスと手を

水タンクを牛車で運ぶ農民。雨量の少ない地方ではこうして飲料水、家事水浴用を確保する（2012年3月末、パガン近郊の村で。宇崎真撮影）

広げミャンマー有数の財閥を築いた。それは2010年の総選挙までの数年間のことである。

日本留学経験のあるゾーゾー（マックスグループ）は軍政序列2位のマウンエイ、そして後にはタンシュエが寵愛する孫息子とのコネで建設業、観光、ゴムプランテーション、銀行、天然ガス事業で巨大な財を成した。タンシュエの孫息子の誕生日祝いをセドナホテルに1千名の客を招待して行い、その全費用をゾーゾーが負担したことから特別のコネが作られたという。

こうした軍最高幹部とクローニーの法外な蓄財はミャンマーが大波乱にあった時期と重なっている。経済の実体は疲弊し、公共料金の大幅な値上げなどで国民が窮乏にあえいでいた時期である。朝の托鉢に差し出すコメも足りなくなり僧侶は仏教の危機と判断した。

軍人、とりわけ下級兵士の士気は低下していく。戦線に送られ命をかけて戦うことが空しく思えてくる。事実2007年以降軍の弾圧をのがれて大量の市民、学生らがタイ領内に逃げ込んできたが、その中に軍人、下級兵士も含まれるようになった。筆者はタイ西部ミャンマー国境のメソットに毎年数回足を運び政治難民、経済難民をみてきた。命からがら僧侶も逃げてきた。そして最も口数少なく消耗し哀れにみえたのが戦線逃亡してきた下級兵士であった。かれらは一様に待遇の劣悪さと幹部への嫌悪を口にした。

前線の兵士の逃亡、投降は目立って増加していった。2009年から2010年にかけて地方軍司令部、とくにシャン州管区はことの重大性を司令官クラスの会議で訴えた。「このままでは軍の規律は保てない、前線の兵士の戦闘意欲は乏しい。戦線逃亡、投降、サボタージュは後を絶たない。辺境の武装勢力に敗退する事態が繰り返されている。軍はこのままではもたない」。当時の下級兵士のサラリーは数ドルだった。まずは待遇改善をと数倍かそれ以上に引き上げた。だがそれでもわずかの額でどうにもならない。

軍と国庫に必要なカネがないのだ。官庁公務員や警察官らは下級職員でもワイロその他で小遣い稼ぎができる。アルバイトという手もある。しかし下級兵士にその条件はない。

建軍以来の大ピンチであった。将軍はじめ軍幹部らはそれなりに国軍の歴史と使命に誇りをもって生きてきた筈だ。それらが足元から崩れようとしている。

ではどうするか。ここまでくれば、国庫に正規のルートでカネが入り、軍の予算を大幅に拡充する道しかないではないか。そのためには、アウンサンスーチーを自由にし、改革路線を進め、米国はじめ西側諸国の経済制裁解除に持ち込む、これしかない。タンシュエ批判派はもちろん主流派幹部もこの点では有力な対案は出せなかった。

筆者がこの10数年コンタクトしてきた軍人は、２００８年半ばまではもっぱらタンシュエに批判的な人物だった。それが軍の機密文書の件以来新しい変化が起きた。「タンシュエのグループにもコンタクトした方がいい」と反タンシュエの幹部からのアドバイスがきたのだ。「その方が私にとってもいい。君にとっても安全だ」。

これまた願ってもない申し出だった。双方の考え方がわかる。これに越したことはない。

民政移管がスムーズに進んだのは軍の内部をそれなりにウオッチングできた筆者からみれば当然のことと映る。テインセイン大統領（前）は軍部内に深刻な異論はないとわかり安心して改革を推し進めることができたのだ。そしてスーチー女史にも数回にわたる会談のなかでその事情も突っ込んで説明し、揺るがぬ決意を語った筈である。アウンサン将軍の肖像画を掲げた部屋での初会談は娘のスーチーを感激させた見事な演出であった。

ただ付け加えなければならない点がある。筆者からみると、民政移管と政権移譲がスムーズに行われたもう一つの要因は、２０１５総選挙の前にとっくに主だった利権の争奪と分配が終わっていたということである。「クローニー資本主義」は貪欲にパイの増大を必要とする。一旦パイを分け合ったら、今度はパイを大きくしなければならない。それには中国、アセアンだけでなく広範に西側諸国との交易を拡大していく必要性に迫られたのだ。それなしには「クローニー資本主義」は内部対立の激化を招いてしまうのだ。

２０１６年発足したスーチー政権はとてつもない重荷を背負っている。国民の待望論、期待が大きければ大きい程その反対に失望の広がりも早いのではないか。そう思えてならない。軍部の反発はあっても大事には至るまい。スーチー女史は建国の父であり建軍の父たるアウンサン将軍の遺産は守りたいし愛着がある。国軍との決定的対決は避けるにちがいない。心配なのは、とてつもない貧富の格差、国の隅々にはびこった汚職、少数民族問題、宗教対立等の難問にどれだけ立ち向かえるのだろうか、という点である。

コラム3

日本の近代サッカーの父はビルマ青年だった

高校でサッカーに夢中になり、それが昂じてハノイ特派員時代戦時下に北ベトナム外務省に無理を頼みサッカーチームに加えてもらったりもした。圧倒的な野球人気のまえにサッカーはまだマイナーなスポーツだった。それでも日本のサッカーといえば釜本邦茂、杉山隆一、古くは鈴木重義、竹腰重丸が、そして東京オリンピック時は西ドイツのクラマー監督らが日本サッカーを育て代表してきたと思っていた。

それが、「日本の近代サッカーの父はビルマ青年だった」と知ったとき私は衝撃を受けた。戦前のことだ。身長180㎝、走高跳の選手のチョーディンはサッカーの名手でもあった。英国植民地のビルマはショートパスを重視するスコットランド戦法で訓練されたサッカー先進国であったのだ。一方日本はロングパス主体、根性重視のサッカーだった。

1921年、チョーディンは東京工業高等学校に留学する。グラウンドで早稲田高等学院サッカー部の練習を目にして思わず教えたくなってしまう。その実技も理論も日本の選手には斬新なものだった。やがて同校の正式コーチとして呼ばれる。そして見事同校はインターハイ（全国高校選手権大会）を制する。それが評判を呼び全国から次々と招請の声がかかるようになる。

1923年、関東大震災で留学先の校舎が崩壊、学業中断となる。チョーディンは全国にコーチ行脚の旅に出る。そのときの教え子から上記の鈴木、竹腰ら優秀選手が輩出する。そして日本代表チームは1930年極東選手権大会で優勝、1936年ベルリンオリンピックで強豪スウェーデンを破る殊勲を記録した。ヒットラーの祭典でイタリアサッカーが優勝し、アジアから新興日本が奇跡を起こした。なにやらその後の日独伊三国協定を想起させるような展開ではある。

チョーディンは日本サッカーに多くの種をまき、1924年に帰国しその後ぷっつりと消息を絶った。

早稲田高等学院、サッカー全国大会連続優勝の記念写真。中央がチョーディン（1924 年。日本サッカーミュージアム所蔵）

その足取りを追うのは不可能に見える。だが、この幻の人を追って埼玉のミニコミ誌「バダウ」発行人の落合清司氏がミャンマーに足を運び「2年間チョーディンの指導を受け工場勤務をした」というひとに出会う。そのウ・ミンウエイ氏（ミャンマー元日本留学生協会会長）によると、チョーディンは帰国後日本で習得した知識技術を活かしある民間工場で働く。その工場はカチン族リーダー、サマドゥアスィンワナウン所有で国の工業開発のモデルにもなり、製鉄釜、金型など工業化の土台を築く役割を負っていたとみられる。62年ネーウィンの軍事クーデターが起き「ビルマ式社会主義」標榜のもと国有化が推進される。卓越した技術者であり指導者であったチョーディンは「国有化」とともに後ろ姿を消してしまう。

1948年独立でビルマ連邦が成立、その国家理念は民族、宗教の相違を超えた連邦国家であった。だから初代大統領はその象徴としてシャン族リーダー、サオシュエタイであったし二代目にはサマドゥアスィンワナウンの名があがっていたという。

断片的な情報ではあるが、それらをつないでいくと、チョーディンは日本サッカーの大恩人であっただけでなく、ミャンマー工業化の礎を築いた非凡な人物であったといえそうだ。彼の技術と経験はミャンマー国産ジープにも受け継がれているともいう。

日本サッカー協会は多大な功績を残したチョーディンを称え2007年彼の殿堂入りを決めた。ミャンマーサッカー協会も遺族や子孫が名乗り出ることを期待し消息を尋ねる広告を出した。だが、いまのところ反応はどこからもない。翌2008年ミャンマー軍部とクローニー資本家らは巨大な財をもとにサッカーのプロリーグを創設した。私はその二つのニュースをいずれも窮乏と激動のヤンゴンで知った。


（宇崎　真）

第4章

体制転換とミャンマー農村の社会経済変容

髙橋　昭雄（東京大学東洋文化研究所教授）

はじめに

これからミャンマーの農村の話を始めるにあたり、まずはこの「農村」という言葉の意味するものあるいはそのイメージについて少し考えてみる。国土を英語でいうところの urban area と rural area に二分する場合、日本語では前者には「都市部」、後者には「農村部」という訳語が対応するのが通常である。[1] ビルマ（ミャンマー）語の場合は英語に近く、「農村」はユワー（ywa）あるいはチェー・ユワー（kyêiywa）、「農村部」はチェーレッ・データ（kyêile'dethà）といい、「農業」はサイッピョーイェー（saï'pyôuyêi）という。英語だと agriculture と rural、ビルマ語だとサイッピョーイェーとチェーレッ・データは別の単語であるが、日本語だとどちらにも「農」がつく。そしてそれは直ちに「農業」に結びついていく。「農村部」（rural area）で農業（agriculture）をする人々がどれだけ減少しようが、日本語では「農村」と「農業」は分かちがたく繋がりあう。もちろん、英語やビルマ語でも rural や kyêile'dethà といった言葉は田園風景や田舎の生活にリンクし、「農業」を想起させるが、概念的には別物である。主要産業が農業ではなく、生活スタイルが都市化しても、「農村部」は存在する。日本語に引きずられて、「農村」を「農業」に直結させてしまうと、アメリカ合衆国やヨーロッパ諸国のような先進国はもちろんのこと、アジアやアフリカの発展途上国の村々の社会経済の実情や変化を見逃してしまう恐れがある。ミャンマーについてももちろん例外ではない。本稿では、「農業」と「農村」を相即不離の結びつきではなく、不即不離、そして徐々に離れていく関係として考えることにしよう。

これを踏まえて、第一に、全国レベルのマクロ統計を加工し、農村と「不離」の関係にあると思われている農業の発展史を概観することにしよう。まずは国土の土地利用史からから始めて、日本より多種多様な地目別および作物別作付の面積の変遷を振返り、最後に国民経済の中で農業の地位はどのように変わってきたかについて考察していく。このような大規模な統計は、調査当局の意図が入り込んだり、調査者の未熟練の問題もあったりして、現実と厳密に一致しているとは限らず、特にミャンマーのような独裁体制が続いた国ではそのような傾向があるが、全体的なトレンドを捉えることはできる。

第二に、「農業」だけでは語れない「農村」のことを数少ない統計資料から考えてみる。幸いにも1983年以来31年ぶりに行われた2014年世帯・人口調査（センサス）の結果が2015年5月に、そして第2弾が2016年3月に公表されているので、これを用いて、発表された統計から読み取れる限りの範囲で、この間の「農村」社会経済の変化を読み取っていく。そのまえに補助的に、2010年の農業センサスに先立って2009年に行われた農村部の予備的世帯調査の結果を農業灌漑省農地登録局から入手したので、これを用いて「農村」は「農業」する者だけで成り立っているわけではないことを示したい。また農村世帯の消費経済については、中央統計局が行っている世帯支出調査を参照する。

だがこのようなマクロデータは調査項目が限られており、全国で同じ調査をしなければならないので地域の事情を考慮せず画一的である。よって農村社会の極々一部を垣間見ることができるにすぎない。個人や世帯が複数の部門にまたがって就業する多就業、社会経済階層構造、労働交換や協業を含めた労使関係、人口移動と送金の実態、農村内部の権力関係、そして農村の「近代化」の実相等々、その変容を語るには、農村内部に深く入り込んだ、長期的、継続的でかつ細部にわたる調査が必要である。筆者は1986年から現在に至るまで、ビルマ式社会主義、軍事政権、そして民主化へと遷移する体制下[2]、ミャンマーの農村部で農家と農村の社会経済に関する調査を行ってきた［髙橋1992；2000；2012］。訪ね歩いた農村は優に200を超え、ビルマ語でインタビューした村人の数は延べ1万人近くになる。こうした調査を踏まえて、ミャンマー農村社会の変容を詳しく描写していく。これが本稿で最も重要な第三の課題である。

1　国民経済の中で農業を診てみる

国土の土地利用

生産活動の本源的な要素を生産要素といい、経済学では一般に土地、資本、労働を特に生産の3要素という。ただし工業や商業部門では、通常は資本と労働を扱えば事が足り、土地が重要となるのは農業部門においてである。農業経済の研究で土地問題が重視されるのは、土地の重要性が他の部門とは決定的に異なっているからである。本稿でもミャンマー農業の経済問題を語るにあたり、まずは土地から始めることにしよう。

全国土の土地利用の観点から農業を見てみたのが表1である。農地や森林が国土のどの程度の割合を占めるかについて示している。作付地と休閑地を合わせたものが農地であり、現在はミャンマーの

表1　国土の土地利用　（単位：%）

区分／年度	1961/62	1971/72	1981/82	1991/92	2001/02	2011/12	2014/15
作付地	11.8	11.7	12.2	12.0	14.8	17.6	17.7
休閑地	4.8	3.1	2.7	2.8	0.9	0.5	0.7
耕作可能荒地	15.5	12.7	12.6	12.2	9.8	7.9	7.8
保護林	12.8	14.0	14.7	15.0	20.7	24.5	26.2
その他林地	55.1	33.6	32.8	32.8	28.6	25.1	21.8
その他		24.9	25.0	25.0	25.2	24.3	25.8
総面積（千エーカー）	150,551	167,186	167,186	167,186	167,186	167,186	167,186

（注）1エーカーは約0.4ヘクタール。
（出所）*Agricultural Statistics* 各年版。
2014/15の値は *Stasistical Yearbook 2015.*

国土の約18・4パーセントが農地であることがわかる。すなわちミャンマーの国土約67・7万平方キロメートルのうち約12・4万平方キロメートルが農地である。同表で農地面積のトレンドを追ってみると、1971／72年度から1991／92年度までの20年間、農地面積は2500万エーカー（1エーカーは約0・4ヘクタール）前後で推移し全く拡大していないが、その後の20年間に500万エーカー以上増加して3000万エーカーの大台に乗った。すなわち、軍政期にミャンマーの農地は大幅に増えたのである。それは耕作可能荒地の減少が示すようにいわゆる不毛地の開拓によるものである。そしてその担い手には軍政期に台頭した大小の企業家が多く含まれている。これらの企業家の中にはクローニーと呼ばれる政商もおり、2011年に発足したテインセイン政権下で、小農からのクローニーによる農地取り上げ問題として表面化してくる。NLD政権もこれら接収農地の返還に力を入れることを公約しているので、小農に農地は返るが、農地の拡大スピードは格段に落ちることになるかもしれない。

　ミャンマーの国土に占める農地の構成比18パーセントは、

12パーセントの日本よりは大きいものの、国土面積に占める農地の割合が4割を超えるアメリカ合衆国やEU、5割を超えるオーストラリアといった先進国だけでなく、3割を超えるタイ、フィリピン、ベトナム、2割を超えるカンボジアやマレーシアといった他のアセアン諸国から比べても低い数値となっている。耕作可能荒地の開発が進まなければ、アセアン並みの農地構成比になることは難しい。

これに対し林地が国土の半分を占め、ミャンマーはかなりの山国であることがわかる。軍政期になって保護林面積が拡大しているが、その言葉通りに森林が「保護」されているかどうかは極めて疑わしい。保護林でもそうでない林地でも軍政下で不法な伐採が進み、ミャンマーの林業が衰退の一途をたどっていることは周知の事実である。

農地の6分類

この農地がどのような形態で利用されているのかを示したのが表2である。ミャンマーでは農地は、レー（水田）、ヤー（畑）、カイン（雨季は川底にあるが乾季になると出てくる農地）、ウーイン（樹園地）、ダニ（ニッパヤシ園）、タウンヤー（焼畑）の6種類の地目に分類される。レーでは水稲、ヤーでは豆類、メイズ、棉花、雑穀、野菜など、カインでは水稲、豆類、野菜など、ウーインではマンゴ、バナナ、かんきつ類などの多年生作物、焼畑では雑穀や豆類、そしてダニではもっぱらニッパヤシが栽培される。上の表はそれぞれの地目の面積、下は作付純面積（作付総面積から多毛作した分の作付面積を減じた面積）に占める6種類の各耕地地目の構成比を示す。構成比が最も高いのは水田であるが、その面積伸び率は小さく、かつては農地の6割以上を占めていたが、今や半分以下である。これに対し、軍

表２　各地目の面積（上段）および作付純面積に対する構成比（下段）

（単位：千エーカー）

地目／年度	1970/71	1980/81	1990/91	2000/01	2010/11	2014/15
水田	12,599	12,977	12,582	14,358	15,997	15,629
畑	4,399	4,692	5,033	7,615	10,476	10,227
カイン	827	964	1,008	1,265	1,403	1,350
樹園地	950	1,135	1,281	2,041	4,944	5,009
ダニ	77	85	93	108	123	121
焼畑	660	699	571	500	1,028	678
作付純面積	19,512	20,552	20,568	25,887	33,971	33,014

（単位：％）

	1970/71	1980/81	1990/91	2000/01	2010/11	2014/15
水田	64.6	63.1	61.2	55.5	47.1	47.3
畑	22.5	22.8	24.5	29.4	30.8	31.0
カイン	4.2	4.7	4.9	4.9	4.1	4.1
樹園地	4.9	5.5	6.2	7.9	14.6	15.2
ダニ	0.4	0.4	0.5	0.4	0.4	0.4
焼畑	3.4	3.4	2.8	1.9	3.0	2.1
計	100.0	100.0	100.0	100.0	100.0	100.0

（出所）表１に同じ。

政期に大幅に増加しているのが畑地と樹園地である。畑地と樹園地は１９７０／71年度から１９９０／91年度の20年間にそれぞれ14パーセントおよび34パーセント増加しただけであったが、その後の20年間には前者は２倍以上、後者は４倍近くになった。耕作可能荒地の農地化が進んでいることは先述したが、それが水の確保のために開発費がかかる水田よりも、畑地や樹園地に向かっているのではないかと想像させる数値である。事実、ゴムやパームオイルあるいはヤトロファの農園開発が、国から下付された荒地で急速に進んでおり、農民農業とは違った形態の農業が発生しつつある。契約農業の進展と相俟って、今後の農業および農村の景観や社会関係を大きく変える可能性を秘めている。

主要作物の作付面積

最後に農地でどんな作物が栽培されているのかについて言及しておこう。表3に見るように、作付面積の構成比が圧倒的に大きいのは米である。社会主義政権発足当初は作付面積の6割は米だったが、次第に減少して政権末期には半分以下になり、軍政下でも減少を続けて現在は三分の一ほどを占めるにすぎなくなった。米は依然としてミャンマーで最も重要な農作物であるが、その重要性は年々低下している。

ミャンマーで米に次いで重要な作物は胡麻と落花生である。この2種の作物は直接食べるのではなく、食用油を搾るために作られる。米と油とガピ（魚のペースト）が伝統的な食卓に欠かせないものであると言われているが、作付においても油料作物は欠かせないものである。胡麻と落花生の作付比率は社会主義期に増加したが、軍政期に入ると減少し始め、構成比で見ると最盛期の半分程度になってしまった。これは油料作物が供給過多だったことを意味するのではなく、安価なパーム油が輸入されるようになったからである。これら伝統的主要3作物に代わって増加しているのが、落花生を除く、マッペ（ケツルアズキ）、リョクトウ、キマメ、ヒヨコマメをはじめとする豆類である。社会主義期には作付総面積に占める割合は1割未満であったが、軍政期に米に代わる重要輸出品のひとつとして急激に作付面積を伸ばして2割を窺うまでになった。軍政期に作付面積を急成長させたもうひとつの作物はゴムである。中国からの旺盛な需要と先述の耕作可能荒地の開発がその背景にある。それに対し、

表3　主要農作物作付面積構成比　(%)

作物／年度	1961/62	1971/72	1981/82	1991/92	2001/02	2011/12	2014/15
米	60.8	54.2	50.2	46.9	40.7	33.8	33.6
小麦	0.5	0.7	1.0	1.5	0.5	0.4	0.5
メイズ	1.1	1.1	1.5	1.4	1.6	1.8	1.9
雑穀	2.4	1.7	1.8	1.9	1.5	1.0	1.1
胡麻	8.0	10.1	13.5	12.5	8.2	7.1	6.9
落花生	7.3	7.4	5.9	5.0	3.6	1.8	4.4
マッペ	0.6	0.8	0.9	2.9	4.5	4.8	5.1
リョクトウ	0.4	0.4	0.4	1.7	4.7	4.9	5.5
キマメ	0.9	0.9	0.7	1.1	3.1	2.9	2.9
ヒヨコマメ	1.5	2.0	2.1	1.8	1.2	1.5	1.8
その他豆類	3.8	4.1	3.7	3.7	5.3	2.3	4.7
綿花	2.5	2.4	2.2	1.7	1.9	1.4	1.4
ゴム	0.8	0.9	0.8	0.7	1.2	2.4	3.0
ジュート	0.1	1.0	0.5	0.4	0.3	0.0	0.0
サトウキビ	0.5	1.2	1.1	0.5	1.0	0.7	0.8
作付総面積（千エーカー）	19,013	22,702	25,123	25,426	39,153	55,589	52,806

（出所）1961/62年度は *Agricultural Abstract of Burma*, その他の年度は *Statictical Yearbook*。

棉花、サトウキビ、ジュートといったそれぞれの農産物ごとに国有公社が設けられていた作物は、米と同様あるいはより厳しい供出制度が生産に抑圧的に働いたのであろう、栽培面積の伸びが停滞し衰退産業となってしまった。

国民経済における農業の地位

農業部門が国内総生産に占める構成比の変化を、価格変動の影響を取り除いた基準年価格（実質価格）で見てみる（表4）と、社会主義期前半期は農業部門の占める割合は3割以下であったが、1980年代に入ると4割近くに達し、軍政期の前半にもそのトレンドを維持した。だが後半の2000年代に入るとその構成比は減少し始め、社会主義が始まった1960年代レベ

表4　部門別国内総生産構成比（基準年価格）　（単位：％）

部門／年度→	1961/62	1971/72	1981/82	1991/92	2001/02	2011/12	2014/15
農業	26.0	27.8	28.9	37.5	33.6	25.8	26.5
畜産・水産業	5.6	7.7	6.6	7.6	8.3	8.6	10.7
林業	2.9	2.6	2.2	1.9	0.9	0.4	0.3
製造業	10.5	10.4	10.2	8.8	10.1	20.7	27.0
社会行政サービス	7.4	8.5	10.0	7.2	6.0	1.9	3.4
商業・貿易	29.3	24.4	21.3	22.2	20.9	19.9	22.9
国内総生産（百万チャット）	7,798	10,641	16,717	49,933	100,275	42,228,504	53,132,343

（注）1961/62 ～ 1981/82 年度は 1969/70 基準年価格、1991/92 年度は 1985/86 基準年価格、2001/02 年度は 2000/01 基準年価格、2011/12 年度、2014/15 年度は 2010/11 基準年価格。
（出所）*Report to the Pyithu Hluttaw* 各年版。1998/99 年度以降は *Statistical Yearbook* 各年版。

表5　部門別国内総生産構成比（名目価格）　（単位：％）

部門／年度→	1961/62	1971/72	1981/82	1991/92	2001/02	2011/12	2014/15
農業	22.9	18.9	39.1	48.4	49.0	24.0	19.7
畜産・水産業	4.4	5.7	6.8	8.8	7.5	8.1	8.0
林業	4.8	2.7	1.5	1.6	0.5	0.4	0.2
製造業	14.7	29.0	9.3	7.0	7.8	19.7	19.9
社会行政サービス	8.9	8.6	4.7	3.4	1.3	2.1	3.1
商業・貿易	26.1	17.8	25.0	22.3	24.2	19.3	18.7
国内総生産（百万チャット）	7,706	18,531	42,879	186,802	3,548,472	46,307,888	65,437,095

（出所）表4に同じ。

ルにまで戻った。農業とともにミャンマーの外貨獲得の手段であった林業部門は１９８０年代から縮小傾向にあり、これに代わって水産業が拡大している。農業部門の凋落傾向に代わって台頭してきたのが製造業である。２０００年代に入ってその構成比を３倍近くに伸ばしている。この数値を見るかぎりにおいては、軍政期にミャンマーの工業化が大きく進展したということができる。

農業部門の隆盛と衰退は、名目価格で測ったＧ

DP構成比の変化により如実に表れている（表5）。社会主義期後半に増え続けた値が、軍政期になるとさらに増加し、90年代にはその構成比が5割を超えるに至った。名目価格で測った農業のGDP構成比が実質価格のそれよりも大きいのは、社会主義期に統制されていた農産物価格が、軍政期に一挙に自由化されて、製造業部門や商業・サービス部門に対する交易条件が好転したからである。すなわち、軍政期前半に農民は相対的に豊かになった、ということをこの数字は物語る。だが、それが後半の2000年代に入ると反転する。農産物価格の低迷と農業投入財価格の上昇によって農民の所得は下落し、最近は農業の名目GDP構成比が2割を切ってしまった。社会主義崩壊後の市場経済化は当初は農民に好影響をもたらしたが、必ずしもそれは農業の生産性を向上させるものではなかったのである。いまでは製造業のGDP構成比が実質でも名目でも農業と肩を並べるまでになったが、就業人口や従属人口は農業部門の方がずっと多いので、これがミャンマー最重要産業であることには変わりはなく、当面はこの部門を重視した経済政策が行われることになるであろう。

2　農業だけでは農村は語れない

耕作権保有と土地なし世帯

農村部には農家が多い、というのは紛う方なき事実であるが、どのくらい「多い」のだろうか。2010年の農業センサスに先立って、2009年に行われた農村部の世帯調査からそれを推計してみよう。表6に見るように、636万世帯中[3]、農地を持っている世帯は約321万、農地は持っていな

表6　農地耕作権保有別世帯数（2009年）

州／管区域	農業に就業する世帯			非農業就業世帯	世帯総数	土地なし世帯比率（%）
	農地あり	農地なし	計			
カチン	99,093	19,935	119,028	36,973	156,001	36.5
カヤー	19,691	2,423	22,114	8,992	31,106	36.7
カレン	37,723	21,783	59,506	45,166	104,672	64.0
チン	66,036	3,504	69,540	3,893	73,433	10.1
サガイン	484,228	116,700	600,928	219,574	820,502	41.0
タニンダーリー	67,458	13,316	80,774	53,487	134,261	49.8
東バゴー	156,221	91,440	247,661	124,453	372,114	58.0
西バゴー	176,263	104,003	280,266	117,326	397,592	55.7
マグェー	415,515	110,373	525,888	200,125	726,013	42.8
マンダレー	460,039	144,302	604,341	254,774	859,115	46.5
モン	88,290	39,651	127,941	132,463	260,404	66.1
ラカイン	195,879	111,732	307,611	160,063	467,674	58.1
ヤンゴン	107,545	77,739	185,284	130,029	315,313	65.9
南シャン	160,631	10,412	171,043	31,441	202,484	20.7
北シャン	180,195	7,220	187,415	37,105	224,520	19.7
東シャン	38,969	5,528	44,497	4,961	49,458	21.2
エーヤーワディ	459,864	278,261	738,125	428,763	1,166,888	60.6
合計	3,213,640	1,158,322	4,371,962	1,989,588	6,361,550	49.5

（出所）Settlement and Land Record Department, 内部資料，2010

いが農地を持っている者に雇われて農業労働に従事する世帯が約１１６万、農業に従事しない世帯が約１９９万、となっている。ミャンマーの場合、農地の所有権は国にあり、農民は農地耕作権を持つにすぎず、それは２０１２年に公布された農地法でも変わっていない。この耕作権を持っている世帯が農村居住世帯総数の半分にすぎないことをこの数値は示している。特に土地なし世帯比率の高いのが、バゴー、ヤンゴン、エーヤーワディといったデルタの米作地帯とモン、カレン州といったやはり水稲耕作が盛んな地域である。

統計によると２００９／10年度のミャンマーの農地面積は約３０１９万エーカーであったので、これを農地保有世帯数で割ると、平均耕作規模は世帯あたり９・４エーカーすなわち３・７ヘクタールと日本の３倍にもなるが、農村土地なし世帯を含めればその半分になってしまう。また農地保有世帯間の規模格差も非常に大きい。日本が第二次大戦後に行った農地改革と同様の試みが、ほぼ同時期に独立直後のミャンマーでも行われたが、日本では成功しミャンマーでは失敗したために、このような状況が現在に至るまで残ってしまった。ミャンマーの村に入ると、農地を持たない世帯が半数を占め、農業に従事しない世帯も３割を超えるという、農地改革後の日本の農村とはかなり違った構造を目にするのである。

都市部と農村部の人口構造比較

２０１４年３月末、ミャンマーでは１９８３年から途絶えていた「全国の人口・世帯センサス」が行われた。この31年間の変化を２つのセンサス結果から追ってみることにしよう。表７に示したように、人口は約３４１２万から約５０２８万に増加した。年平均増加率は１・26パーセントである。当局は１・８から２パーセントの増加率を見込んで毎年の統計を作成してきたが、それを大きく下回り、そのため推定人口６０００万よりもずっと少なくなった。都市部の増加率が１・84パーセントと農村部の１・04パーセントを上回り、その結果として都市化率は24・８パーセントから29・６パーセントに上昇した。それでも東南アジアで最も低い。

表7　都市部と農村部の人口比較

	1983年	2014年
人口（計）	34,124,908	50,279,900
男	16,939,593	24,228,714
女	17,185,315	26,051,186
性比（%）	98.6	93.0
都市	8,466,292	14,877,943
男	4,214,463	7,114,224
女	4,251,829	7,763,719
性比（%）	99.1	91.6
農村	25,658,616	35,401,957
男	12,725,130	17,114,490
女	12,933,486	18,287,467
性比（%）	98.4	93.6
普通世帯数	6,497,632	10,877,832
都市	1,601,354	3,049,433
農村	4,896,278	7,828,399
普通世帯内人口	33,714,816	47,929,999
都市	8,274,965	13,839,853
農村	25,439,851	34,090,146
平均世帯員数	5.19	4.41
都市	5.17	4.54
農村	5.20	4.35

（出所）1983、2014年センサス。

世帯の規模すなわち平均世帯員数は5・19から4・41に減少した。都市部では5・17から4・54であるが、農村部では5・20から4・35と減少幅が大きく、都市部の世帯規模よりも小さくなってしまった。両センサスには世帯構成員と世帯主の親族関係を網羅したデータも載っており、それによると約8割は核家族世帯であると推定できるので、農村部は大家族というような固定観念は、ミャンマーの農村には当てはまらない。

労働力人口と児童労働

生産年齢人口（15〜64歳）に占める労働力人口、すなわち労働力化率は、1983年の57・2パーセントから2014年には67・0パーセントに増加した（表8、表9）。都市部では54・5から62・6パーセント、農村部では58・1から69・1パーセントへの増加である。社会主義から市場経済へと移り変わる中で、労働市場への参加率が増えたと考えられる。失業率は1・6パーセントから4・0パー

表８　1983 年の労働力統計

（全国）	人口	労働力人口	就業者数	失業者数	非労働力人口	失業率	労働力化率	就業人口比率
10-14 歳	4,268,670	462,911	446,248	16,663	3,805,759	3.6	10.8	10.5
15-64 歳	19,625,065	11,222,470	11,040,187	182,283	8,402,595	1.6	57.2	56.3
65 歳以上	1,340,198	514,598	514,136	462	825,600	0.1	38.4	38.4
10 歳以上計	25,233,933	12,199,979	12,000,571	199,408	13,033,954	1.6	48.3	47.6
全人口	34,124,908	男	16,939,593	女	17,185,315			

（都市）	人口	労働力人口	就業者数	失業者数	非労働力人口	失業率	労働力化率	就業人口比率
10-14 歳	1,065,952	41,315	35,873	5,442	1,024,637	13.2	3.9	3.4
15-64 歳	5,121,646	2,792,645	2,689,350	103,295	2,329,001	3.7	54.5	52.5
65 歳以上	325,057	90,281	90,147	134	234,776	0.1	27.8	27.7
10 歳以上計	6,512,655	2,924,241	2,815,370	108,871	3,588,414	3.7	44.9	43.2
全人口	8,466,292	男	4,214,463	女	4,251,829			

（農村）	人口	労働力人口	就業者数	失業者数	非労働力人口	失業率	労働力化率	就業人口比率
10-14 歳	3,202,718	421,596	410,375	11,221	2,781,122	2.7	13.2	12.8
15-64 歳	14,503,419	8,429,825	8,350,837	78,988	6,073,594	0.9	58.1	57.6
65 歳以上	1,015,141	424,317	423,989	328	590,824	0.1	41.8	41.8
10 歳以上計	18,721,278	9,275,738	9,185,201	90,537	9,445,540	1.0	49.5	49.1
全人口	25,658,616	男	12,725,130	女	12,933,486			

（出所）1983 年センサス。

表9　2014年の労働力統計

（全国）	人口	労働力人口	就業者数	失業者数	非労働力人口	失業率	労働力化率	就業人口比率
10-14歳	5,108,362	620,322	543,040	77,282	4,488,040	12.5	12.1	10.6
15-64歳	32,982,768	22,110,882	21,237,454	873,428	10,871,886	4.0	67.0	64.4
65歳以上	2,897,563	638,881	635,085	3,796	2,258,682	0.6	22.0	21.9
10歳以上計	40,988,693	23,370,085	22,415,579	954,506	17,618,608	4.1	57.0	54.7
全人口	50,279,900	男	24,228,714	女	26,051,186			

（都市）	人口	労働力人口	就業者数	失業者数	非労働力人口	失業率	労働力化率	就業人口比率
10-14歳	1,355,792	102,365	87,768	14,597	1,253,427	14.3	7.6	6.5
15-64歳	10,406,599	6,517,588	6,203,728	313,860	3,889,011	4.8	62.6	59.6
65歳以上	887,548	129,376	128,461	915	758,172	0.7	14.6	14.5
10歳以上計	12,649,939	6,749,329	6,419,957	329,372	5,900,610	4.9	53.4	50.8
全人口	14,877,943	男	7,114,224	女	7,763,719			

（農村）	人口	労働力人口	就業者数	失業者数	非労働力人口	失業率	労働力化率	就業人口比率
10-14歳	3,752,570	517,957	455,272	62,685	3,234,613	12.1	13.8	12.1
15-64歳	22,576,169	15,593,294	15,033,726	559,568	6,982,875	3.6	69.1	66.6
65歳以上	2,010,015	509,505	506,624	2,881	1,500,510	0.6	25.3	25.2
10歳以上計	28,338,754	16,620,756	15,995,622	625,134	11,717,998	3.8	58.7	56.4
全人口	35,401,957	男	17,114,490	女	18,287,467			

（出所）2014年センサス。

セントに増えた。１９８３年センサスは、社会主義には失業がない、という前提のものなので、あまり信用できない。そこで２０１４年センサスを見てみると、都市部４・８パーセント、農村部３・６パーセントと都市部が高い。農村部には日雇農業労働者のような「偽装失業」層が大量に存在するので、一概にいうことはできないが、都市に出れば雇用機会に恵まれるとは限らないと推測しうる。

ここで気になるのが、10から14歳の年少者のいわゆる児童労働である。１９８３年には、この年齢層人口の３・９パーセントが都市部で、13・２パーセントが農村部でそれぞれ労働力となっていた。この数値が２０１４年には都市部では７・６パーセントに、農村部では13・８パーセントにそれぞれ増加した。農村部では収穫労働や家畜の世話あるいは他家での家事手伝いといった児童労働が依然として多く、都市部では小規模な家内工場や飲食店での児童労働が増加していることを反映している。

就業構成に見る農村経済

表10および11は、「病院、寮、軍隊等の施設（Institutional household）」以外の普通世帯に居住する人々の産業別就業者数（上段）とその構成比（下段）を表している。１９８３年には農林水産業従事者は全就業者の64・６パーセントだったが、２０１４年には52・４パーセントに減った。農林水産業従事者の95パーセントが農業に従事しているとし[4]、それぞれの年の農業部門のＧＤＰ構成比を農業就業者の構成比で割ると[5]、１９８３年については63・０パーセント、２１０４年については39・２パーセントという値を得る。この数値は、農業部門一人当たり平均所得の国民経済（全部門）一人当たり平均所得に対する比に等しい。すなわち１９８３年時点ですでに農業部門就業者の平均所得は全就業者の

表10　1983年産業別就業人口（20%標本調査による）（10歳以上）　（単位：人）

就業部門	（全国）	（都市）	（農村）
農林水産業	7,756,106	372,716	7,383,390
鉱業	69,994	16,486	53,508
製造業	1,105,340	509,612	595,728
建設	156,802	92,406	64,396
電気・ガス・水道等	20,917	15,613	5,304
商業・飲食・ホテル	1,362,253	908,432	453,821
運輸・倉庫	345,130	260,179	84,951
公務員・サービス業	806,383	548,995	257,388
その他	377,646	90,931	286,715
計	12,000,571	2,815,370	9,185,201

（単位：%）

就業部門	（全国）	（都市）	（農村）
農林水産業	64.6	13.2	80.4
鉱業	0.6	0.6	0.6
製造業	9.2	18.1	6.5
建設	1.3	3.3	0.7
電気・ガス・水道等	0.2	0.6	0.1
商業・飲食・ホテル	11.4	32.3	4.9
運輸・倉庫	2.9	9.2	0.9
公務・サービス業	6.7	19.5	2.8
その他	3.1	3.2	3.1
計	100.0	100.0	100.0

（出所）1983年センサス。

平均所得より37・0パーセント低かったが、2014年には60・8パーセントも低くなってしまった。社会主義からの移行段階では農業の交易条件が一時的に改善したが、市場経済の進展に伴って、農業は割のいい仕事ではなくなってきたといえよう。

続いて農村部における農林水産業就業人口を見ていくことにしよう。1983年には農村部で農林水産業に従事する人口は約738万人で、農村部の全就業人口の80・4パーセントを占めた。そのうち農地を保有

表11　2014年産業別就業人口（10歳以上）　（単位：人）

就業部門	（全国）	（都市）	（農村）
農林水産業	11,026,852	548,724	10,478,128
鉱業	168,103	30,203	137,900
製造業	1,431,134	686,436	744,698
建設	956,613	496,359	460,254
電気・ガス・水道等	71,116	52,401	18,715
商業・飲食・ホテル	2,930,062	1,803,426	1,126,636
運輸・倉庫	813,048	539,865	273,183
公務・サービス業	2,035,948	1,158,298	877,650
その他	1,627,655	503,665	1,123,990
計	21,060,531	5,819,377	15,241,154

（単位：%）

就業部門	（全国）	（都市）	（農村）
農林水産業	52.4	9.4	68.7
鉱業	0.8	0.5	0.9
製造業	6.8	11.8	4.9
建設	4.5	8.5	3.0
電気・ガス・水道等	0.3	0.9	0.1
商業・飲食・ホテル	13.9	31.0	7.4
運輸・倉庫	3.9	9.3	1.8
公務・サービス業	9.7	19.9	5.8
その他	7.7	8.7	7.4
計	100.0	100.0	100.0

（出所）2014年センサス。

する農民が約４００万人、農地を持たず農民に雇用されて働く農業労働者が約３０９万人で、残りの約29万人が林業や水産業に従事する者であった。２０１４年になると、農村部の農林水産業就業人口は１０４８万になったが、全就業人口に対する比率は68・7パーセントに減少した。２０１４年センサスの報告書には農林水産業以下の内訳が載せられていないが、筆者が諸所の村々で調査したところ、農民に対する農業労働者人口比は増加しているものと思われる。

以上から、1983年には全人口の75・2パーセントが農村に居住し、その労働力の80・4パーセントが農林水産業に従事していたが、2014年には農村居住人口が全人口の70・4パーセントに減少し、農林水産業就業人口の構成比も68・7パーセントに低下した、という結論を得る。農村人口も農林水産業就業人口も絶対数は増加しているが、相対的にはどちらも減少しているのである。農林水産業就業人口を農業就業人口と読み替えても大きな誤差は出ないが、農業就業人口には農民だけでなく、多くの農業労働者が含まれていることを忘れてはならない。

農村世帯の消費構造

表12は世帯の月平均消費支出の内訳を都市部と農村部で比較したものである。都市部、農村部共通の傾向は、第一に家計支出に占める食料費の割合、すなわちエンゲル係数が非常に高いことである。60パーセントを超えており、日本の25パーセントはともかくとして、東南アジア諸国の中でも最も高い。第二に、米への食料支出が最も高いことである。米はミャンマーのどこでも圧倒的な主食である。第三に寄付や儀礼への支出が特別に項目として掲げられていることである。日々の斎飯やもろもろの節日に行う儀礼がまさに日常化しているからであろう。

次に都市部と農村部の比較に入る。表の一番下の行を見ると、農村世帯の合計消費支出は都市部の4分の3でしかない。算出されない自給部分があるとしても、この格差は農村部の所得の低さを反映したものであろう。その結果、支出額で農村部が都市部を上回るのは米だけである。貧乏人は米を食う、ということであろう。その他の消費項目で農村と都市の差がほとんどないのは、生鮮野菜・豆類

郵便はがき

料金受取人払郵便

神田局
承認

9745

差出有効期間
2017年4月
30日まで

切手を貼らずに
お出し下さい。

101-8796

537

【受　取　人】

東京都千代田区外神田6-9-5

株式会社 **明石書店** 読者通信係 行

お買い上げ、ありがとうございました。
今後の出版物の参考といたしたく、ご記入、ご投函いただければ幸いに存じます。

ふりがな お名前	年齢	性別

ご住所　〒　　　-

TEL　(　　　)　　FAX　(　　　)

メールアドレス	ご職業（または学校名）

＊図書目録のご希望	＊ジャンル別などのご案内（不定期）のご希望
□ある □ない	□ある：ジャンル（　　　） □ない

書籍のタイトル

◆本書を何でお知りになりましたか？
□新聞・雑誌の広告…掲載紙誌名[ ]
□書評・紹介記事……掲載紙誌名[ ]
□店頭で □知人のすすめ □弊社からの案内 □弊社ホームページ
□ネット書店 [ ] □その他[ ]

◆本書についてのご意見・ご感想

■定　価	□安い（満足）	□ほどほど	□高い（不満）
■カバーデザイン	□良い	□ふつう	□悪い・ふさわしくない
■内　容	□良い	□ふつう	□期待はずれ

■その他お気づきの点、ご質問、ご感想など、ご自由にお書き下さい。

◆本書をお買い上げの書店
[市・区・町・村 書店 店]

◆今後どのような書籍をお望みですか？
今関心をお持ちのテーマ・人・ジャンル、また翻訳希望の本など、何でもお書き下さい。

◆ご購読紙 (1)朝日 (2)読売 (3)毎日 (4)日経 (5)その他[新聞]
◆定期ご購読の雑誌 [ ]

ご協力ありがとうございました。

ご意見などを弊社ホームページなどでご紹介させていただくことがあります。 □諾 □否

◆ご 注 文 書◆ このハガキで弊社刊行物をご注文いただけます。
□ご指定の書店でお受取り……下欄に書店名と所在地域、わかれば電話番号をご記入下さい。
□代金引換郵便にてお受取り…送料+手数料として300円かかります(表記ご住所宛のみ)。

書名	冊
書名	冊

ご指定の書店・支店名	書店の所在地域 都・道 府・県 市・区 町・村
	書店の電話番号 ( )

表 12　世帯消費支出の内訳（2012 年）（月平均）

費目	都市		農村		農村 / 都市
	チャット	%	チャット	%	
米	23,811	11.8	26,073	17.2	1.10
その他穀類	6,159	3.1	3,874	2.6	0.63
肉	16,594	8.2	12,484	8.2	0.75
魚介類（生、乾物）	18,449	9.1	12,343	8.1	0.67
生鮮野菜・豆類	13,886	6.9	13,542	8.9	0.98
果物	6,139	3.0	4,370	2.9	0.71
飲料	5,189	2.6	3,475	2.3	0.67
卵乳類	5,145	2.6	3,515	2.3	0.68
油脂・調味料	12,867	6.4	12,765	8.4	0.99
外食・中食	13,604	6.7	7,013	4.6	0.52
食料計	121,843	60.3	99,456	65.4	0.82
住居	5,921	2.9	2,938	1.9	0.50
光熱・水道	14,552	7.2	11,807	7.8	0.81
家具・家事用品	13,659	6.8	5,497	3.6	0.40
被服及び履物	9,022	4.5	7,228	4.8	0.80
保健医療	4,247	2.1	2,818	1.9	0.66
交通・通信	12,616	6.2	8,143	5.4	0.65
教育	6,475	3.2	3,510	2.3	0.54
寄付・儀式	7,128	3.5	6,496	4.3	0.91
教養娯楽	334	0.2	258	0.2	0.77
その他の消費支出	6,358	3.2	3,859	2.5	0.61
非食料計	80,312	39.7	52,555	34.6	0.65
世帯消費支出計	202,155	100	152,011	100	0.75

（出所）*Statistical Yearbook 2015.*

と油脂・調味料への支出である。炭水化物は米、タンパク質は豆とガピ（魚を発酵させたペースト状の調味料）、脂質は料理油でとる、というミャンマーの三大栄養素補給パターンを映し出している。その他の肉や魚や果物の消費額は都市部よりかなり低くなっている。食料支出以外で都市との格差が大きいのは、住居、家具・家事用品、そして教育への支出である。住居費は都市部では地価が高いので当然として、家具や調度が少ない農村部の家の内部が想像できる。教育費の少なさは就学率の低さや識字率の問題に直結する。２０１４年センサスによると、25歳以上の総人口のうち、教育を受けたことのない者の構成比が都市部では7パーセントであるのに対し、農村部では20パーセントにもなる。識字率も都市部では95・２パーセントと高いが、農村部では87・０パーセントである。特に農村部女性は83・８パーセントとかなり低い。先述の児童労働と相俟って、農村部の教育問題はこれからの重要課題となるであろう。

3　内部に入らなければ農村はわからない

人口動態

これまでは、いわゆるマクロデータによって、農村の社会経済状況を外から見てきたわけであるが、これだけでは農村の深層変化に迫るような情報や知見を得ることはできない。ここからは、農村の内部に入って、消長遷移の実相を叙述していくことにしよう。

手始めに先述の人口・世帯センサスの考察で何度も言及してきた人口と世帯の動向を村というミクロレベルで検証してみることにしよう。表13はヤンゴンから北東方面に50キロメートルほどの道のりにあるフレグー郡ズィーピンウェー村の、表14は古都マンダレーから南に40キロメートルほど下ったところにあるチャウセー郡ティンダウンジー村の職業構成の変化を示したものであるが、それぞれの表の一番下の2行に村の世帯数と人口を入れてある。まずはこの数値を解釈することから始める。

表 13　ズィーピンウェー村の職業（世帯の主業）構成の変化

職業	1987 年	1994 年	2014 年
農業	64	66	55
農業雇用労働	46	52	100
(サインガー)	30	29	25
(チャーバン)	16	23	75
菜園作	3	8	3
大工・左官	3	10	5
小商店経営		2	11
行商・露天商	3	5	53
サイッカー		2	13
バイクタクシー			13
運転手・助手	2	3	11
荷役			9
公務員・会社員	7	9	10
工場労働			11
その他	9	8	5
無職	1	5	17
合計（世帯数）	138	170	316
総人口（人）	753	830	1,406

（出所）筆者調査による。

表 14　ティンダウンジー村の職業（世帯の主業）構成の変化

職業	1987 年	1994 年	2013 年
農業	68	73	76
農業雇用労働	25	33	41
左官	18	24	60
大工	2	4	10
商店・飲食店		3	27
公務員	4	5	2
御者	2	3	
トラジー運転			3
その他	7	11	17
合計（世帯数）	126	156	236
総人口（人）	708	840	1,024

（出所）筆者調査による。

世帯数も人口もこの四半世紀の間に顕著に増加している。だが両者の増加率は異なる。ズィーピンウェー村では世帯数が2・29倍になっているが、人口は1・87倍にしかなっていない。またティンダウンジー村でも世帯数が1・87倍になっているにもかかわらず、人口は1・45倍にしかなっていない。当然1世帯当たり構成員数は、ズィーピンウェー村では1987年の5・46人から、1994年には

4・88人、2013年には4・45人と減少し、ティンダウンジー村でも同様に、5・62人、5・38人、4・34人と縮小している。世帯数が増加する要因は、子供が結婚すると別に家を建てて世帯を構える、「オークェ」という慣習にある。ここで子供の数が多く親が長生きする傾向がある場合、世帯数は爆発的に増える。しかし、別居した子供世帯の出生率が下がると世帯数の増加ほどには人口は増加しない。世帯数増と人口増のギャップはそのような変化を示唆している。そのほかズィーピンウェー村には、ヤンゴンからビルマ民族だけでなくシャン民族やチン民族が、そしてはるかモン州からモン民族が農地を購入して大量に移住してきて、人口と世帯数が急増した。ティンダウンジー村でも、周辺の村からの若干の転入によっても世帯数が増加している。

職業構成の変化

つぎにこれもマクロデータ分析の続きで、就業構造の変化を村レベルで考えてみる。人口センサスの就業に関するデータは、全国の大まかなトレンドを知るには役立つが、項目分類が大ざっぱすぎて、農村の多種多様な職業をそのまま載せることはできない。また世帯や個人が一つの職業だけを持つ、あるいは複数の職種に就いていても統計の便宜上一つで代表させる、という前提で集計されているので、一世帯や一個人が複数の部門にわたる複数の職種に就いている場合、それを反映させることができない。

表13は、ズィーピンウェー村の世帯の主たる所得源となっている職業ごとに世帯数を表したものである。「農業」世帯とは、世帯の主たる生計支持者[6]が農地耕作権を持っている世帯のことである。ち

なみに、日本の統計では一定の経営耕地面積や農産物販売額のある世帯をまず「農家」と定義し、その世帯構成員の中から「農民」にあたる「農業就業人口」をカウントしていく。まず「イエ」ありきである。ミャンマーでは逆に、耕作権を保有する者を「農民」とし、その個人が生計を支える世帯を「農民世帯」とする。まず個人ありきである。つまり、ミャンマーには「農家」にあたる言葉がない。本稿では日本語で書いているという便宜上、ミャンマーの「農民世帯」を「農家」と書き表すことにする。

「農業雇用労働」とは農民に雇われて働くことであり、それに従事する世帯は農地を持たない土地なし世帯である。農業雇用労働者は、年雇や季節雇として比較的長期に雇用されるサインガーと日雇いや歩合制で雇用されるチャーバンの二つに分けることができる。菜園作とは、先述した6つの地目範疇に入らない極小の畑地で野菜や果物を作ることである。

1987年の社会主義末期から1994年の軍政初期への変化は、期間が短いこともあって、それほど顕著ではない。チャーバンと大工が増えた程度であろうか。ただし、平等を旨とする社会主義時代においてさえ、農地を保有していた世帯は村の半分しかいなかった、ということは注目に値する。

その後の20年の変化は著しい。第一に、農家数が減り非農家が大幅に増えて、農家数は55と総世帯数316の6分の1程度になってしまった。それでも農業雇用労働を主業とする農業労働者世帯10 0を合わせると、村の半分の世帯は農業に従事しているということはできる。ただし、村の8割の世帯が農業に従事していた1987年と比べると、比率は大幅に減少した。第二に、農業労働者世帯と行商世帯が目立って増加し、村の総世帯数の半分を占めるに至った。農業労働者の中でも、雇用が安定しているサインガー世帯の数が若干減少し、大きく数を増したのは日雇いや歩合制で農業労働をするチャーバンの世帯である。チャーバンには男の方が多いが、行商人はほとんどが女である。村でとれた野菜や早朝に起きて茹でた豆を頭にのせて売り歩く女たちが1987年当時から村にいたが、村産の野菜や牛乳だけでなく、町や周辺の村から果物や雑貨を仕入れて、フレグーの町の中央市場の周囲の道端で売る女たちが2000年代に激増した。チャーバンも行商・露天商も日々の収入が不安定でかつ少ない。これで主に生計を立てている世帯はすべて貧困世帯であるといっても過言ではない。

第三に、新しい職種が登場した。食料や日用品を売る店は、1987年には村に1軒もなかったが、94年には2軒、2014年には11軒になった。ヤシの葉で屋根をふき竹で囲った小さな店だけでなく、コンクリートと煉瓦で作った大きな雑貨店、昼間から繁盛している酒屋、肥料や種子を売る店なども登場している。自転車の横に人が座る席を付けたサイッカーと呼ばれるいわば自転車タクシー業は、今やバイクタクシーに取って代わられつつある。拡大しつつある大ヤンゴン市の周辺には韓国や中国の縫製工場ができて、村の近くまで工場のバスが労働者を迎えに来る。これらの工場で働く若者が増加しつつある。「荷役」とは、この村の村長（正確には村落区行政長）が行う、周辺の精米所から籾殻を集荷して、ヤムヤムという有名なラーメン工場に燃料として納入するビジネスに、その籾殻の集荷や運搬のための労働者として雇われる男たちのことである。村長は籾殻運搬用トラック3台、常用の四輪駆動車1台を所有し、休日にはゴルフを楽しむビジネスマンである。

ティンダウンジー村においても、農地保有世帯すなわち農家は1987年で68、村の総世帯数の半分強にすぎなかった。それでもこうした農家に雇われて農作業をする農業労働者世帯25を加えると、村の世帯の74パーセントは農業に従事していた。2013年になると、農家は村の総世帯数236の3分の1以下の76となり、農業労働者世帯41と合わせても、総世帯数の半分に満たない。これに反比例して増加してきているのが、左官と商店である。左官はもともとこの村の「村の職業」［髙橋 2012］と言われるほど、この村に集中していたが、21世紀に入って急増して、農業労働者の数を追い越し、農地耕作権を持たない者にとっての最大の就業先となっている。彼らは毎日弁当を持って朝早く村を出てゆく。中には、遠くヤンゴンや中国国境の町ムセーまで仕事に行く者もいる。1990年代までは、商店・飲食店といえば、小屋を建てて雑貨を売る店、道端に屋台やテーブルを出してキンマ（噛む嗜好品）やモヒンガー（麺料理）などを売る者など、農業労働者の稼ぎと大差はなかった。それが最近は、パゴダの周辺でガドーブェと呼ばれる供物を売ったり、茶菓や食事を提供したりする、これまで村にはなかったような比較的大きな店が増加し、農業労働者の日当の数十倍の収入を得ている。

両村で共通するのは、農業で主に生計を立てている世帯の割合が減少し、農業とは関係ない非農業就業が急増していることである。我々もそして都市に住むミャンマー人も、農村には農業をする人が住んでいると思い込みがちであるが、現状はそうした先入観を否定する方向に動いている。

多就業構造と経済階層

以上では、世帯の主たる稼ぎ手すなわち経済的な意味での世帯主が従事する職業の中で最も就業時間の長い職種を「世帯の主業」として、村の世帯別職業構成を論じてきた。だが、このような世帯主以外の世帯構成員が世帯の主業以外のものに就業したり、世帯主や構成員が一人で複数の職種に就いたりすることもありうる。事実、ミャンマーの農村ではそれこそが主流である。

農業雇用労働者とは、文字通り農家に雇われて農業賃労働を行う人々のことをいう。ところがこの雇用機会はすこぶる不安定である。種まきや苗植えの時期には毎日雇われるが、それが終わるとたまに草取りに呼ばれるくらいになり、刈取りや摘取りの収穫期にまた仕事が増えるが、それが終わるともう失業してしまう。また多くの村では性別分業が行われる。水稲作に関していうと、田起こしや整地は男、苗抜きとその運搬も男、田植えは女、除草も女、稲刈りは男女とも、といった具合である。このように農業労働は季節性がありかつ性別分業もある。彼らは農繁期においても毎日の雇用が保証されるわけではなく、ましてや農閑期となると農業労働者として雇われることはほとんどなくなる。そのため男は荷役、屋根葺き、魚・蛙取りなど、女は行商、キンマやモヒンガー屋、屋根材編み、そして男女問わず精米労働、道路工事、公共施設の清掃などの日雇い労働や日銭稼ぎの自営業にも従事せざるをえない。逆に、行商や大工を主業とする者が農業雇用労働も行うこともしばしばある。同一世帯内で夫が農業労働やバイクタクシー、妻が行商や農業労働ということももちろんある。

これは貧困ゆえの多就業であるが、そうでない者も兼業する。農民の中でも比較的農地保有規模の大きい者の中には、精米所や大きめの雑貨店を経営したり、トラックを買って運送業を営んだり、金貸しをしたりなどある程度の資本を必要とする自営兼業を営む者が多い。また労働兼業にしても、子弟を大学まで入れて、役人、教師、裁判官、警官などの安定した職業に就かせている。つまり相当の資本を必要とする兼業が目立つ。中央乾燥地の村々を調査していたときには、広い農地をすべて処分して、ブランケットの問屋やロンジー織りの工場主に一家で転職した人たちにも遭遇した。

このように土地持ちはより収入を増やしかつ安定させる方向に兼業化し、土地なしはとにかく食うために兼業する。つまり農地を持っている者はますます豊かになり、そうでない者は停滞を余儀なくされる、ということになる。だがそのような状況を打ち破る可能性が世紀の変わり目頃から出現してきた。

そのひとつが先述の新職種の登場である。ズィーピンウェー村の土地なし夫婦は、子供たち３人が縫製工場で働いた賃金で、この村に３軒しかない大きなレンガ造りの家を建てた。村長も農地を持たない農業労働者の息子である。１９９３年に技術高校を卒業して公務員となり、98年まで村の近くにある国営精米所でバーボイル米製造技術者として働き、２００１年に件のインスタントラーメン会社に転職した。そこで社長と親しくなり、退職してこの工場に籾殻を納入する仕事を始めて大成功した。今は村一番の突出した大金持ちであり、村人をトラックの運転手や荷役として雇用している。ティンダウンジー村のパゴダの傍でガドーブェを売る店の店主は、１９８７年には木の下に置いたテーブルで揚げ物を売って糊口をしのいでいたが、今は乗用車とトラックを一台ずつ持ち、売り物のバナナのための農園も所有している。社会主義期、軍政前期に村の社会的経済的階層の上部を独占していたのは比較的大きな農地を保有する農家のみであったが、市場経済化に伴って経済的上昇の機会が多様化した軍政後期には、農地および農業によって村の社会経済階層が規定される、という因果関係が弱まってきている。

出稼ぎあるいは人口移動

農村部の経済階層流動化のもう一つの要因は、出稼ぎである。ティンダウンジー村では有名になったパゴダの周りに門前町ができて様々な新しい職業が生まれており、ズィーピンウェー村では通勤できる範囲に外資や合弁の縫製工場ができているので、村の中にいてもある程度収入のよい自営業や雇用先が見つかるが、そうした新職種・新就業先がない多く農村では、若者たちが村から出て出稼ぎに行っている。

２００８年1月、シャン州北部の、茶葉の生産で有名なナムサン郡にあるルエカムという村の世帯経済調査をしたことがあった。当時の村の世帯数は86、それを３つの経済階層に分けて調査したが、10世帯の上層は茶畑の保有面積が大きく、36世帯あった中層はそれが少なく、残りの下層は茶畑をほとんど所有していない、というように貧富の格差は保有する茶畑の面積にほぼ比例していた。２０１５年1月、再びこの村を訪れると、世帯数は１１２に増え、前回には１人もいなかった中国への出稼ぎが常態化していた。村から１６０人ほど中国に出稼ぎ中であるとのことだったので、平均で世帯当たり１・４人が行っていることになる。中国での仕事は男女ともサトウキビやトマトの収穫、草取り、家畜の世話といった農業労働が多いが、男は左官や大工、女は給仕や料理人といった職種に就く者も増えている。農業労働に従事する者を中心に、１４０人ほどは茶摘みの時期になると村に帰ってくるが、非農業部門に就業すると農繁期になっても村に帰ってこなくなるという。高賃金の中国への出稼ぎ者は特に下層から多く出ている。農地がなくても、出稼ぎ所得で近代的な家を建てたり電気製品やバイクなどの耐久消費財を整えたりする村人が続出しており、茶畑の保有面積の多寡によって階層分けができる、という状況はなくなりつつある。

２００６年に調査したチン州のフニャーロン村は、世帯数２０２、人口１０６０のうち、60人がマレーシアに、70人がインドに出稼ぎに出ていた。１９９０年代にマレーシアに行った若者の一部は、棚田を開発したり、近くの町に家を建てて賃貸したり、金貸しをしたり、ナナウッという肉用の牛を大量飼育したりして、村の社会経済階層の上層にのし上がった。周辺の村々を回って立派な家屋を見つけ、家主に出稼ぎの有無を聞いてみると、ほとんどがマレーシア帰りか、まだそこに留っている子供たちからの送金を受け取る親たちであった。中には、アメリカ合衆国に50人も移民を出している村もあった。

２０１６年に訪れたカレン州パアン市周辺の村々では、一家に一人はタイへの出稼ぎ、という状況であった。どの村でも、男女を問わず、農地のあるなしにかかわらず、何処も彼処も、誰も彼も、タイで働いた経験を口にした。それも短期間あるいは季節的な出稼ぎではなく、５年も10年も働いていた人が多かった。タイへ行くには相当の仲介料をブローカーに払わねばならず、多くの村人はそれを高利の借金で調達しているので、おいそれとは帰って来られないのである。それはチン州の村でも同じである。

このように見てくると、シャン州やチン州やカレン州など、辺境部の少数民族だけが外国に出稼ぎに行き、一部は永住状態にあるように見えるが、中部ミャンマーの乾燥地域からも多くのビルマ民族がマレーシアへの出稼ぎに出ている。ザガイン管区域モンユワ県チャウンウー郡コウンジー村は、２００８年に調査した時は総世帯数71で、外国への出稼ぎはゼロであったが、２０１６年の世帯数90中

ナッマウからコーカンに出稼ぎに来た人々（ラオカイ郡、2015年、筆者撮影）

30人ほどがマレーシアに行っている。また、同村の伝統医療師の息子は、農業大学を出た後ヤンゴン近郊とシャン州のタウンジー近郊にバラ園を経営して大成功し、1日に8万円の所得（村の農業労働者は５００円）があるという。観光地バガン近郊のチャウパダウンやニャウンウーからも多くのマレーシアへの出稼ぎ労働者が出ている。

こうしてみてくると、外国への出稼ぎ者が目立つが、それは今まで、少なくとも社会主義期から軍政初期にかけては国内に有力な出稼ぎ先がなかったからである。国内に出稼ぎ先が出現すれば、やはり彼ら彼女らは動く。２０１５年に、中国国境のコーカンで筆者が出会った大量のサトウキビ収穫労働者や道路工夫たちは、ナッマウ、ターズィー、イェーナンジャウンといった中央乾燥地からやってきた農民や農業労働者たちであった。またエーヤーワディデルタのパテインやミャウンミャでも、近隣の町の精米所や飲食・喫茶店、ヤンゴン周辺に増加中の種々の工場やその労働者のための飲食店に若者たちが働きに出てしまい、田起こしや整地、種まきや田植え、刈取りや脱穀のための農業労働力が不足しているとの話を筆者は至るところで聞いている。

変わる農業生産、農村景観

ミャンマー農業で畜力は欠くことのできないエンジン（動力）である。エーヤーワディ川中流地域の平原地帯ではビルマ（インド）牛の去勢牛すなわち役牛が使役され、デルタ地帯およびシャン州や

籾の風選（ズィーピンウェー村、1993 年、筆者撮影）

牛による稲の脱穀作業（ティンダウンジー村、1994 年、筆者撮影）

カチン州の山岳部では雌雄の水牛が使われている。牛の主な仕事は、田植えの前に田起しや代掻きをしたり、種まきの前に畑を耕したり、稲刈りの後に稲束を踏みつけて脱穀したり、豆や籾や肥料を運んだりすることである。人や家財道具を運ぶこともある。一方、藁や草といった飼料を毎日与えなければならず、健康のチェックも怠ることができない。また田起こしや代掻きの時期には2ヵ月も3ヵ月も牛を使役する労働者を雇わなければならず、その後の田植えには大量の早乙女が必要であり、稲刈りと牛で稲を脱穀するための準備作業にも多くの労働力が必要である。つまりミャンマー農業は牛と大量の季節労働者で成り立ってきた。ここに新種の非農業就業機会や出稼ぎ労働者の登場によって、労働力不足が襲ってきた。

労働力不足に対応するには賃金を上げることであるが、それでも若者は農業労働をしたがらない。機械化が必要になってくる。まず登場したのが脱穀機である。1990年代はじめには中国やタイ製のものが使われていたがすぐに国産化され、ミャンマー中に広まった。脱穀機の導入は、省力化というよりもむしろ、市場経済化に対応して農業生産を増やすために二期作化や二毛作化を進めることを目的としていた。早く収穫作業を終えないと次の作付ができないからである。農繁期に労働者を探す困難さももちろんあったであろう。これによって、タリンと呼ばれる脱穀場で牛がぐるぐると回る風景や、乾いた田に竹組を組んで中央に笊を吊るして風で籾に混入した塵やしいなを飛ばす風選の光景がなくなった。

次に入ってきたのが耕運機である。日本製のものはなかなか手に入らず、中国製の耕運機が入ってきた。日本製と異なり後方に腰かけがついているので、田の中を歩く必要はない。やがて国産の安価なものも登場した。それでも田植えができるまできちんと本田整備をするのにはまだまだ牛が必要であった。だが中国製もミャンマー製も次第に改良され、牛の必要性は低下した。また耕運機にトレーラーを付ければ人や荷物の運搬もできるので、牛車も次第に使われなくなった。

耕運機での代掻き（ティンダウンジー村、2015年、筆者撮影）

ミャンマー農業の機械化はさらに進む。脱穀機に代わって、コンバインハーベスターが急速に普及している。牛の場合は農家が自家で所有することが多かったが、脱穀機や耕運機は少数の農家が所有して賃貸していることが多い。しかし、コンバインとなると村外の専門の業者が所有している。ズィーピンウェー村に来るコンバインの所有者は日本で、ティンダウンジー村に来る業者は韓国で、それぞれ働いてお金をためて日本製のものを購入したとのことである。賃料は稲刈りの総労賃とほぼ同じであるから、脱穀と風選の分だけ安い。脱穀機賃貸で儲けようとしていた村の農家はすっかり当てが外れてしまった。

次は田植え機かもしれないが、こちらは早々と直播ばら蒔きに変わった。エーヤーワディ川中流域の、田植えが今も行われている灌漑田はともかく、デルタに田植え機が入ることはないかもしれない。村の家々も、農外の就業や出稼ぎで稼いだ金で、茅葺屋根に竹囲いの高床式の家が、トタン屋根に板やレンガ囲いの平土間式に変わり、道路には牛や自転車に代わって、オートバイや自動車が走るようになった。水田には田植えをする華やかな早乙女の姿が少なくなり、牛も耕運機やコンバインに取って代わられてきた。社会主義が終わって以降、ミャンマー農村は景観も急速に変化してきている。

むすび

ミャンマー農村はDe-agrarianizationの過程にある。非農業部門の就業者の増加、家計内に占める非農業部門からの所得比率の拡大、農民ではなく非農民であるという社会的帰属意識を持つ者・持ちたい者の増大、農村部から都市部への移動、をその主な内容とする。筆者はこれを「脱農」と訳した[髙橋 2012]。非農業就業で農村内の階層を上昇したり、農民の出自ではない者が村の権力を握るようになったり、農民的家屋の景観が都市的になったりすることも、この範疇に入れてよいかもしれない。

日本やヨーロッパのような商工業化や都市化の進んだ国々や1997年に甚大な経済危機に見舞われた東アジア諸国のようなところでは、小規模かつ一時的にRe-agrarianization（農への回帰）が起こりうるが、基本的にはこのDe-agrarianizationの潮流は止めようがない。ところがNLD政権は農業問題を最重要課題とし、軍やクローニーに接収された農地を農民に返還する、農地の所有権を強化する、農業金融の強化や小規模機械の普及によって小規模農民を保護していく等、この潮流に逆らうような政策が見受けられる。選挙民の7割が農村部に居住する（実はその半数は農民ではないのだが）ことから、このような政策は政治的には正しいのかもしれない。ただし、流れに逆らうには経済的のみならず社会的政治的にもコストがかかる。今のミャンマーにそのような財政的時間的余裕はあるのだろうか。新政権の手腕が問われる。

［注］

1 「農村部」を「田舎」あるいは「地方」と言い換えてもよいように思われるが、「田舎」は範囲を明確にできる概念ではなく、「地方」は関東地方、近畿地方というように、都市や町の「都市部」も含むので、いずれの用語も「農村部」を正確に代替することはできない。

2 本稿では、主に経済政策に着目して、1962年から88年までをビルマ式社会主義期、1988年から97年までを軍政前期、1997年から2011年までを軍政後期、2011年から2015年までを民主化・自由化期とする。

3 この数値は、後述する2014年人口・世帯センサスの数値約783万世帯よりかなり少ない。その理由は、この5年間に農村部の世帯数が急に増えたのではなく、2009年調査は都市近郊農村や辺境部の農村を含まないからである。

4 1983年センサスにおいて農林水産業従事者の96・1パーセントは農業部門に就業しており、林業、水産業従事者はごくわずかである。2014年センサスではそのような細目が公表されていないが、ここではほぼ同様であると仮定した。

5　2014年のGDP構成比は表5に載っている。1983年のGDP構成比については、1981／82年度とほとんど同じであるので、この年度の数値を代用した。

6　ミャンマー語では世帯主のことを通常エイダウン・ウースィー（eindaun ùsì）と呼ぶ。エインダウンは「世帯」、ウースィーは「指導」をそれぞれ意味する。日本でいうならば住民票の筆頭者である。これに対し、世帯の構成員であり、かつ世帯の主たる生計支持者である者をエイダウンダーズ・アチーアケー（eindaundhàzù akyìakê）という。日本の農業センサスで用いられる世帯主はこれにあたる。

［参考文献］

髙橋昭雄（1992）『ビルマ・デルタの米作村――「社会主義」体制下の農村経済』研究双書423アジア経済研究所

――（2000）『現代ミャンマーの農村経済――移行経済下の農民と非農民』東京大学出版会

――（2012）『ミャンマーの国と民――日緬比較村落社会論の試み』明石書店

コラム4

チンの焼畑から土地所有の歴史を再考する

マルクス主義の発展段階思想では、歴史は原始共産制→奴隷制→封建制→資本主義と進む。人類社会の最初の経済構成体は氏族であり、生産手段としての土地は私的に所有されず、未発達な共同的生産に照応して共同体的に所有されていた。これが原始共産制である。そして生産力の発展とともに共有地は次第に私的所有に移行し、やがて共同体的土地所有が完全に解体し、自由な私的土地所有に基づく資本主義に至る。だが土地所有の歴史は本当にそのように進んだのだろうか。

2004年から2年間筆者が調査した、インドの国境に近いチン州では、今も多くの村々で焼畑が行われている。ST村では2年耕作して18年休閑する。村の草分けに繋がる家系だけが最初に耕地を選ぶ権利があり、もともとは男子すべてがその権利を相続できたが、今では長男のみが相続している。その他の家系に属する世帯はそのあまりを分けて焼畑を行う。ZK村では3年耕作して10年休閑する。1970年ころに比べると休閑期間が半減した。そのころまでは世帯ごとに焼畑の範囲が決まっていてそこを移動していたが、人口増とともに移動可能地が減少して、村の共有地となり、各戸の耕作地は籤引きで決めることになった。LL村でも30年前ころに焼畑は村の共有地となったが、籤引きは行わない。個人が適地を見つけ出して村長に申請し、申請地が重なったときはより貧困な世帯や棚田を保有しない者に優先的に配分される。HL村では、30年位前は休閑期間20年であったというが、今は4年耕作10年休閑である。村には生産性の高いチュアローと低いサテックという2種類の焼畑があるが、前者は村の草分けの家系にある世帯のみが耕作し、後者は貧困順に配分する。チュアローは世帯内の男子全員が相続してきたが、今は相続できる焼畑が少ないので長男のみの相続となった。ＫＪ村でも、古くは個人が適地を見つけて焼畑をしてきたが、やがて共有地化して、3年耕作10年休閑の焼畑に

チン州の焼畑と棚田（ハカ郡、2004 年、筆者撮影）

移行した。それでも耕作者の増加に伴い、休閑地の面積が次第に減少し、終にはゼロとなって移動ができなくなり、２００４年が最後の焼畑となった。

ここで注目されることは、人口圧すなわち土地の希少化に伴う、各村の相続制度の変化である。人口希薄で焼畑適地が人口に対して無限とも言えるような時代には、各世帯が勝手に山を焼いて焼畑をしていた。しかし焼畑の希少化に伴い相続制度が変化した。土地が豊富にあった場合は男女問わず子供全員に土地を相続させることができたが、やがては男子のみ、そして最後には長男のみとなる。チン人の相続制度については、男子だけに相続権があるとか、長子相続であるとか言われてきたが、人口土地比率によって変化してきたものと思われる。

同時に土地制度も変化してきた。元来は最初に開いた者がそれを占有した。だんだんと自由

に開ける土地がなくなってくると、相続と連動して所有の概念も強くなってくる。さらに人口圧が高まると、休閑期間が短くなって、土地の肥沃度も落ちてくる。そしてついに世帯内の相続で対処できなくなり、いわば窮余の一策として村による焼畑の管理すなわち共有制が登場してくる。それは有力者優先の土地配分だったり、籤引きだったり、貧困者優先だったり、村によっていろいろな形態をとる。
マルクス主義の土地所有史論は、共同体の管理する土地が時代を下るごとに狭まって、近代になると私有化されて完全になくなるという筋立てになっているが、チン丘陵では村による共有制は私有制度が行き詰ったあとに登場してくるのである。またこうした制度変化の動因が生産力にあるのではなく、土地に対する人口圧や農業の商業化にあるのも興味深い。農村調査をしていると、我々が学んできた理論と違う現実にふと出会うことがあり、それがまた思索の刺激となる。原始共産制を理想とし、資本主義の後に、社会主義→共産主義を想定する思想にも疑問がわいてくる。

（髙橋　昭雄）

第5章

日本とビルマの関係を考える

——占領と抗日、戦後のコメ輸出、賠償とODA、そして未来

根本　敬（上智大学総合グローバル学部教授）

1　アジア・太平洋戦争期の関わり

日本とビルマ（ミャンマー）の関係（日緬関係）を考えるとき、その歴史的背景を知ることが何よりも大切である。特にアジア・太平洋戦争期（1941～45）の日本軍によるビルマ占領と、ビルマ側で生じた抗日の動きについては理解を深めておきたい。

2016年3月30日に発足したビルマの新政権で国家顧問に就任したアウンサンスーチー（1945～）は、軍との関係に苦しみつつも、国民の強い支持を背景に指導力を発揮している。彼女に対する国民の支持のおおもとには、彼女の父である故アウンサン将軍（1915～47）に対する深い尊敬の念がある。彼女自身、国民が信頼する父アウンサンの精神を引き継いでいることを何度も明確に語りながら、民主化運動のリーダーとして国民を率いてきた。彼女の父をビルマ国民が尊敬するのは、彼が日本占領期前からビルマ独立闘争の先頭に立って活動した人物であり、その行動と言動が多くの人々の信頼をひきつけ、かつ独立半年前の1947年7月に暗殺され若くして世を去った「悲劇の英雄」だからである。

アウンサンらビルマ人ナショナリストたちが、日本軍によるビルマ占領期にとった政治的対応は、通常、「ビルマは初め英国と戦う日本軍に協力したが、日本軍が劣勢になると武装抗日へ姿勢を転換させ英側についた」という文脈で語られる。しかし、そうした見方は一面的であると言わざるをえない。

本質的な部分に注目すれば、当初の日本軍に対する協力も、相手に対する「抵抗と協力のはざま」に立ったうえでの行動だったといえる。すなわち、協力姿勢を見せて日本軍側の信頼を獲得し、その信頼を活用しながら相手を説得して少しずつビルマ側の要求を実現させ、たとえ時間がかかっても最終的には自国の独立を勝ちとるという、間接的な「抵抗」手段をとったのだと解釈できる。

これはビルマと日本との間に大きな軍事力の差があり、かつ日本軍と戦えるだけの抵抗基盤をビルマ人ナショナリストが持っていなかったがために選択された手段である。同時に、占領者である日本軍が土着のビルマ人ナショナリストに協力を求めたからこそ可能となった対応でもある。もし、すでに強い抵抗基盤がビルマ人ナショナリストの側にあれば、当初から反英姿勢と共に抗日姿勢もとっただろうし、日本軍が現地で協力者を求めず軍だけによる力の支配を貫けば、ビルマ人ナショナリストが協力姿勢を見せても日本軍はそれに対する見返りや妥協はいっさいしなかっただろう。

このようにビルマ人ナショナリストたちは日本占領期の前半において「抵抗と協力のはざま」に立つ姿勢をとった。しかし、ビルマに「独立」が付与された1943年8月以降も日本軍が居座り、ビルマ国内で自由に行動する権利を享受し続けたことにアウンサンらは急速に不満を強める。その結果、「抵抗と協力のはざま」に立つ姿勢をとり続けていても、ビルマ・ナショナリズムの大義を守ることができないと考えるようになる。1944年半ば以降、ビルマをめぐる日本軍の戦局が悪化すると、彼らは武装抗日に転じる決断を下し、その準備をすすめる。

武装抗日は政治的環境や国際的環境に恵まれたこともあって成功に終わる。アウンサンは英国のビルマ復帰後、独立交渉の先頭に立ってリーダーシップを発揮することが可能となった。彼がビルマ国民の多くから「国家的英雄」として承認され信頼を得たのは、このような経緯があったからである。
以下、本節では日本軍がビルマを占領するに至った理由と経緯、日本軍の謀略機関と彼らがつくったビルマ独立義勇軍（ＢＩＡ）の特徴を示し、そのうえで日本占領期におけるビルマの政治的環境の変化と、日本占領期がビルマの人々に与えた具体的な影響や被害について見ていくことにする。

なぜ日本軍はビルマを占領したのか

そもそも、日本軍はなぜビルマを占領したのか。それは日中戦争（日華事変、１９３７〜45）の泥沼化と関わっている。１９３７年7月に起きた盧溝橋事件で始まったこの戦争は、数ヵ月で勝利すると考えた日本軍の思惑がはずれ、戦いは長期化した。

蔣介石率いる中国国民政府は南京から武漢を経て重慶に首都を移動させ、日本軍に対する頑強な抵抗体制を築いた。その後、１９３９年1月に米国と英国が英領ビルマの首都ラングーンと重慶を結ぶ「援蔣ルート」を開通させ、重慶への物資輸送を展開するようになると、抗日戦争継続の基盤はいっそう強まった。このルートはラングーン港に陸揚げされた武器や弾薬類と生活物資を、鉄道でマンダレー経由ラーショウまで運び、そこからトラックに載せ替えて中緬国境と雲南の山岳ルートを経て、重慶まで運ぶ壮大な補給路である。同じように重慶と結ばれていたベトナム北部経由の「援蔣ルート」と共に、抗日戦を続ける中国国民政府の命綱となった。

これがビルマに対する日本の軍部の関心を刺激することになる。日本軍はベトナム北部経由の「援蔣ルート」に関しては、１９４０年9月の北部仏印進駐によって封じ込めに成功するが、ビルマ経由のルートに関しては英国が閉鎖の要求に応じないため、航空部隊による遠距離空爆を試みた。しかし、それは成功することなく、しだいに謀略活動を通じて遮断することを考えるようになる。こうした動きと並行して、ビルマには豊富な油田があり、英国企業による原油生産と精油加工がさかんだったので、日本軍はビルマの石油を確保し活用することも考えるようになった。

１９４１年12月８日、マレー半島コタバル上陸に続いてハワイ真珠湾奇襲でアジア・太平洋戦争が開始されると、日本軍はビルマの南半分を占領することによって「援蒋ルート」を遮断することを考え、タイ側から陸上ルートでビルマに侵入し、１９４２年３月、首都ラングーン（現在のヤンゴン）を占領した。しかし、マレー半島からシンガポール方面への侵攻作戦が早期に終わり、ビルマ攻略作戦に当初の想定より多くの戦力が割ける状況になったため、急きょビルマ全土を占領することが決定され、マンダレーやさらにその北部の制圧を推し進めた。ビルマの戦略的位置づけは「大東亜共栄圏」構想の空間的な広がりが急速に拡大するなか、英領インドへの攻略も見据えた橋頭保としてみなされるようにもなった。

ビルマと重慶を結ぶ援蒋ルート

南機関とビルマ独立義勇軍（B－A）

アジア・太平洋戦争期の前段階からビルマ人ナショナリストと一番強い関係を築いたのは、南機関と呼ばれる日本軍の謀略機関である。同機関は陸軍参謀本部の第2部8課（謀略担当）に属していた鈴木敬司大佐によって率いられ、ビルマ謀略工作を通じて英国のビルマ支配に打撃を与え、「援蒋ルート」の遮断と親日政権の樹立を目指すことを活動目的としていた。

鈴木大佐は初め、1940年6月に読売新聞記者・南益世《みなみますよ》を騙ってビルマに入り、当時活発な反英運動を展開していた自由ブロックの関係者や、そのほかの反英政治家たちと接触した。そのとき、自由ブロックを構成した主要組織である反英民族団体タキン党（我らのビルマ協会）の若き指導者アウンサン（当時25歳）が、同志1名（フラミャイン）と共に中国のアモイに密出国したことを知る。鈴木は先回りしてアモイの日本租界（日本が行政権を有する地域）の憲兵隊に連絡し、彼らを拘束して東京に連行するよう指示を出した。

1940年11月12日に東京に連れて来られたアウンサンらは、ビルマから先に戻っていた鈴木大佐に羽田飛行場で出迎えられ、その後、日本軍に協力するよう説得を受ける。ビルマで反英活動を展開していたときから、中国戦線における日本軍の侵略行為に関する連合国側の報道と接していたアウンサンは、日本軍と組むことに躊躇したが、最後は鈴木の提案に同意する。鈴木大佐はその後、参謀本部を強引に説き伏せ、海軍と共同で1941年2月1日に大本営直属のビルマ謀略機関を設置、南機関と名付け、自ら機関長に就任した（海軍側はその後に撤収し、開戦後の同機関は陸軍の南方軍総司令部下に入る）。

南機関はアウンサンを一度ビルマに戻し、本人を含む計30人のビルマ人ナショナリストを密出国させ、当時海軍が占領していた海南島の三亜で秘密裏に短期の軍事訓練を施した。しかし、謀略がより本格化する前に日本が米国に宣戦布告し連合軍と開戦したため、鈴木は陸軍を説得のうえ、海南島で訓練した30人を中核に、在タイのビルマ人も集めてビルマ独立義勇軍（ＢＩＡ）を組織、南機関指導の下、同軍を日本軍と併行してビルマに進軍させた。これを機に、ビルマ側の反英独立運動が日本軍と結びつくことになり、ビルマのナショナリズム運動は武力を獲得し、その姿を大きく変容させることになった。

日本占領下における政治的環境の変化

日本軍は開戦後、約5ヵ月で英国勢力（英軍、植民地軍、英領ビルマ政庁）をビルマから追い出し、全土の占領に成功する。しかし、ＢＩＡのビルマ人メンバーが強く希望した即時独立については無視し、１９４２年６月４日に軍政を開始した。兵員1万人を超えたＢＩＡは縮小改編され、３千人弱のビルマ防衛軍（ＢＤＡ）となった。

占領翌年の１９４３年８月、博士号を持つ知識人で戦前のビルマ統治法体制下（１９３７〜４２）で初代のビルマ人首相を務め、下野した後は反英に転じ自由ブロックの議長を務めていたバモオ博士（１８９３〜１９７７）を国家元首に立て、日本はビルマに「独立」を付与する。ただし、暫定憲法（ビルマ国家基本法）において「大東亜共栄圏内の主権国家」と規定されたとはいえ、ビルマは引き続き日本軍の強い影響下に置かれ、きわめて不十分な「独立」国家として扱われた。秘密協定を結ばされ、戦争が終わるまで日本軍はビルマ国内で行動の自由を享受することが認められ、ビルマ政府は外国軍であるはずの日本軍に規制をかけることができなかった。ＢＤＡはこの「独立」を機にビルマ国軍（ＢＮＡ）に改編され主権国家の国軍となったが、現実には日本軍（ビルマ方面軍）の中に設けられたビルマ国軍軍事顧問部から日本人顧問が各部隊に派遣され、実質的に監視を受けた。

それでも、「独立」下のビルマではビルマ語が公用語（国語）になるなど、文化面でのナショナリズム政策がバモオ内閣の下で一部実行に移された。また、名目的とはいえ、独自の国家元首を戴く主権国家となったため、そのことがビルマ人ナショナリストに与えた心理的影響には大きいものがあった。というのも、英国政府は１９３９年11月の段階で、将来のふさわしい時期においてドミニオン（英連邦自治領）の地位を与えることを約束していたが、ビルマ人ナショナリストは具体的な時期を明示しないその約束に不満で、かつドミニオンではなく自分たちの国家元首を有する共和制による完全独立を欲していたからである。日本が英国に先んじて共和制国家に類似した「独立」を与えたことは、ナショナリストたちに「完全独立の達成以外、ビルマに良き未来はない」という思いを決定づけることになった。

1943 年 11 月に来日したバモオ国家代表の肖像画（画・伊原宇三郎、国立近代美術館蔵）

一方、日本軍のビルマでの戦局は１９４３年から悪化しはじめ、1944年にはいっそう不利な状況になった（フーコンでの戦いとインパール作戦の大敗）。英国を中心とする連合軍はビルマへの反攻を強め、そうした中、「独立」ビルマ政府の国防大臣だったアウンサンは極秘に抗日武装抵抗を準備し、1945年3月27日、日本軍へ反旗を翻す。

アウンサンが率いた抗日組織は反ファシスト人民自由連盟（ビルマ語略称パサパラ）といい、その武力の中心はBIAから発展したビルマ国軍（BNA）が担っていた。抗日蜂起する前年の1944年8月に地下組織として秘密裏に結成されていたパサパラは、紆余曲折を経ながら準備をすすめ、連合軍側と間接的な連絡もとりながら、公認を得ることには成功しなかったが、自力蜂起を決意するに至った。

抗日闘争

抗日武装蜂起によって日本軍は英軍（連合軍）の大規模攻撃のみならず、夜間にはパサパラの武力的中核であるビルマ国軍のゲリラ部隊がしかけてくる襲撃と直面することになった。すでに戦争の趨勢が決していた1945年6月末には、英軍とビルマ国軍との間で話し合いが成立し正式に共闘が決まり、アウンサンらの軍は「愛国ビルマ軍」に名称を変え、英軍と共同で日本軍の掃討戦を展開した。ビルマにある国防省博物館歴史研究院（DSMHRI）所蔵の一次資料に基づけば、日本軍の敗戦が確定する8月中旬までの約4ヵ月間半のあいだに、国軍将兵9220人、農民ゲリラ約2000人が抗日蜂起に動員され、推定で最少1000人前後、最大4700人程度の日本軍将兵をパサパラはゲリラ戦で倒している。一方、ビルマ側の犠牲者は320人ほどにとどまった。

抗日蜂起の規模はそれほど大きくなく、地域的にも限定されていたが、アウンサンらは日本軍に対し武装蜂起した事実を政治的に活用できる環境を手にした。１９４５年５月にラングーンを奪還してビルマに事実上復帰した英軍に対し、自分たちが対日協力をしたのはファシズムを支持したからではなく、ビルマ独立だけを真摯に考えたからであり、真性の愛国者として最後は自力で武器を取ってファシスト（＝日本軍）と戦ったと主張することが可能となった。

アウンサンらはまた、パサパラがビルマのあらゆる階層を代表する政治勢力であることも主張した。パサパラには１９４５年５月までに６つの政治団体と３つの非政治団体、および３つの少数民族団体が加わり、ビルマ随一の政治組織になっていた。英軍のマウントバッテン提督（東南アジア軍司令部最高司令官）がパサパラの抗日武装蜂起に対する感謝の意を公式に表明し、対日協力（反英）から抗日へ転じたビルマ人ナショナリストの行動に理解を示し、彼らを「対日協力者」として逮捕することを禁じたことも追い風となった。マウントバッテンは「対日協力者」に対する戦後の英国政府の寛容政策の基をつくったため、アウンサンたちはそうした政治的環境の変化の中で立場を強化し、英国との独立交渉を有利にすすめることになった。

抗日蜂起を指導したアウンサン

一方、ＢＩＡ期以来の反英闘争と最後の段階で展開した抗日闘争を経て、ビルマ国軍は政治的性格を強く帯びることになった。このことが独立後のビルマにおける国軍の政治性を強める基本要因を形成することになった。

ビルマ社会に与えた被害

日本人が特に留意すべきことは、日本占領期におけるビルマ人が経験した辛い経験である。満州事変（1931年）から日支事変（1937年）を経た中国侵攻の計14年弱と比べれば、3年半という比較的短い期間だったとはいえ、ビルマの一般の人々は民族を問わず日本占領期にさまざまな苦痛と直面した。

戦場となったビルマは1942年の雨期明け（10月）から連合軍の空襲を受けるようになり、一般人がその被害の巻き添えをくらうことになった。戦前の貿易ネットワークが破壊されたために輸出入が滞り、そのためコメの生産減と衣料品不足が生じ、ハイパー・インフレーションが進行した。農民から家畜や食糧を徴発したことも彼らの生活を危機に陥れた。日本軍の警察機能を担った憲兵隊が反日や抗日活動を疑われたビルマ人に拷問をおこなったことや、一部将兵によるビルマ人に対する平手打ちなどの暴力行為、キリスト教徒の多い少数民族や英系ビルマ人に対する行きすぎた監視や暴力的対応も、ビルマの人々を恐れさせた。

さらに、タイとビルマをつなぐ泰緬《たいめん》鉄道建設工事に10万人を超えるビルマ人が労務者（「汗の兵隊（ビルマ語でチュエータッ）」）として徴用され、劣悪な環境で働かされたうえ数万人が犠牲になったこともビルマでは苦しみの経験として記憶されている。ビルマ語のなかに「キンペイタイン（憲兵隊）」「クラ（こら）」「バカ（馬鹿）」などの不名誉な日本語が戦後数十年にわたって残ってしまったことは、3年半の日本占領期の「暗闇」を象徴しているといえよう。

日本軍は文化摩擦もひきおこした。ビルマ人は少数民族を含め人前で裸になることを嫌い、それを文化水準の低い人々の行いとして受け止めるが、裸文化に寛容な日本兵らはビルマ人の前で全裸になって水浴びをすることが多かった。時には僧院の中で僧侶らがいる前ですら全裸になったという。また裸足で入るべき仏塔（パゴダ）に靴を履いたまま入った。これは1920年ころまで英国人もやっていたことだが、ビルマ・ナショナリズムの強い批判を受けてやめている。英国人ですらやめた「悪しき風習」を「同じ仏教徒」であるはずの日本人がおこなったのであるから、ビルマ社会から反発を買うのは当然だった。このほか、仏教が大切にされる国にあって僧侶に乱暴な言葉を投げかける日本兵も少なくなかったという。こうした一連の行為はビルマ人にとって文化的侮辱に映り、その記憶は戦後も長く語られ続けた。

2　戦後の関係

ビルマは1948年1月4日、共和制の連邦国家として英国から完全独立を達成する（国名はビルマ連邦）。日本軍の敗北から数えてわずか2年半、その間にパサパラ議長のアウンサンが指導力を発揮して英国との間で政治交渉が急速に進められ、様々な困難を乗り越えたのち「ゴール」に到達した。しかし、独立の半年前にアウンサンと同僚の閣僚計7人が政敵に暗殺されるという悲劇が起きている（1947年7月19日）。また、いくつもの重要な課題を先送りしたため、独立後はビルマ共産党やカレン民族同盟による反政府武装闘争と直面した。それに加え、1950年以降は中国での国共内戦で敗れた国民政府軍（国民党軍）の残党がビルマ北東部に南下侵入し、その対応にも追われることになる。新生ビルマは誕生の時から苦労の連続だった。

そうした状況下、独立後のビルマと日本は、戦時中の占領者と被占領者という対立の歴史を乗り越え、友好関係を築いていくことになる。しかし、すぐにそうなったわけではない。正規の外交関係を築くまでには時間がかかった。1955年4月の国交樹立後も、基本的には友好関係が維持されたが、時に隙間風が吹くこともあった。

日本の食糧危機を救ったビルマのコメ

両国の戦後関係史は、日本によるビルマ米の買い付け（輸入）に始まる。敗戦後の日本は国内の戦禍と食料供給地だった台湾と朝鮮という植民地を失ったため、深刻な食料不足に陥った。コメが自給できないため、海外から安くコメを入手する必要に迫られ、日本人の嗜好に合わないとされた「インディカ米」と呼ばれるものも含め、大量のコメが国策として輸入されるようになった。そのとき、タイとともに東南アジアにおけるコメの大輸出国として知られるビルマのコメも重要な輸入対象となる。独立したビルマのウー・ヌ政権は、冷戦下にあって厳正中立外交を基本方針としたため、1951年のサンフランシスコ対日講和会議を西側陣営に偏った講和だとして参加せず、日本との戦闘状態終結宣言も1952年4月まで出さない厳しい対応をとっていた。しかし、そのような時期にあっても、日本政府によるコメの買い付けには好意的に応じた。

ビルマ独立の翌年にあたる1949年には7万トンのコメが日本に輸出され、翌50年には早くも戦前の1936〜41年の日本向け年平均輸出量14万7700トンを上回る17万トンが販売されている。1951年11月には日本政府がラングーン（ヤンゴン）に在外事務所を設置することを認め、翌年4月の戦闘状態終結宣言後は総領事館への昇格を承認し（8月）、前後して入札による日本向けコメ輸出枠の確保や、日本が緊急に求める入札によらない追加割当および割当枠外販売を優先的に認めた。

戦後の世界的なコメの供給不足の状況下で、ビルマ側には朝鮮戦争（1950〜53）による特需が生じ、コメ輸出で外貨を稼ぎ、経済復興や社会福祉国家建設のための資金に用いたい意向があった。しかし、ビルマから見て完全に「売り手市場」だったこの時期、日本に対し特別の枠まで設けて優先的にコメを売る必要はまったくなかった。いったいなぜ日本を厚遇したのだろうか。

独立後の初代首相ウー・ヌ

そこには旧南機関員たちの関与があった。元機関長の鈴木敬司（敗戦時少将）らが当時の日綿実業や第一物産、東西交易などを初めとする商社によるビルマでの米の買い付け交渉において、ウー・ヌ政府とのあいだに立って奔走した。戦前に海南島で軍事訓練を施した「30人の志士」出身者で独立したばかりの新政府の中枢にはいった人々を初め、日本占領期に「抵抗と協力のはざま」に立って動いたビルマ人政治エリート（ウー・ヌ首相もその一人）と接触し、日本の危機的食糧事情への理解を求め、ビルマ側がそれに応じたのである。そのとき、戦前から戦時にかけて築かれた両者の人間関係が、日本にとって有利に影響したことは想像に難くない。

その後、日本のビルマからのコメの買い付けは1955年まで20万トン台を経て30万トン台へと増え続ける。しかし、日本国内で豊作が続くようになった翌56年から減少に転じ、59年には2万5000トンにまで減っている。ビルマ政府は日本政府がビルマ米を買わなくなったことに不満を表明し、日本のコメの輸入量を増やすよう強い姿勢で交渉をおこなったが、ほとんど効果はなく、1968年には日本のビルマ米輸入は完全に途絶えた。その後は2013年までの45年間、ビルマ米の日本への輸出が再開されることはなかった。

戦後賠償

日本向けのコメの輸出が伸びていた1952年から、戦争中のビルマへの被害に対する賠償交渉が両国間で開始された。ビルマ政府は賠償なくして国交樹立はありえないとの立場に立っていた。下交渉を経て、1954年8月から9月にかけ、訪日したビルマ側代表団との本交渉がなされ、日緬賠償・経済協力協定が結ばれた。これに伴い、日緬平和条約も調印・批准され（協定も条約も1955年4月発効）、両国はビルマ独立後7年たってやっと正常な外交関係に入る。

日緬賠償・経済協力協定の中身は、10年間（1955年～65年）にわたる総額2億ドルの生産物と役務（労働力）の無償供与、ならびに5000万ドルの経済協力の実施というものだった。その額は、のちに結ばれたフィリピン（1956年締結、生産物と役務で5億5000万ドル、開発借款2億5000万ドル）や、インドネシア（1958年締結、生産物と役務および貿易債務焦げ付きの棒引きを含む4億ドル）よりも少額だった。協定にはビルマ側の意向によって将来の賠償額の見直しを視野に入れた再検討条項が含められたが、日本との最初の賠償締結国となったビルマがこの額で合意したことは、その後の賠償交渉に低めの「相場」をつくることになり、日本を結果的に有利にさせ、つづくフィリピンとインドネシアとの交渉に複雑な影響を与えた。

高度経済成長期に入る前の当時の日本政府にとって、東南アジア諸国に対する戦後賠償は言葉本来の意味での「償い」ということではなく、東南アジアへの経済的復帰をはかるための先行投資という性格を有していた。それは時の吉田茂首相の発言にも認められる。賠償を現金で支払うのではなく生産物と労働力でおこなうというやり方も、実質的に日本企業の東南アジア投資を促す役割を果たした。

一方、日本の思惑が何であれ、ビルマ側には早期に賠償を獲得したい逼迫した事情があった。それは1953年以降、朝鮮戦争による特需が終わってコメの国際市場での価格が下がり、期待していた外貨収入が得られなくなったことである。これにより経済復興が遅れ、ウー・ヌ政府が推進していた高度福祉国家の創設を目指した国家的プラン（ピードーター政策）に必要な資金が不足した。そのことがビルマ側の賠償協定早期妥結を決定的に促した。なお、この賠償協定の交渉過程においても、戦後のコメ買い付け交渉のときと同じように、戦時中のビルマ人政治エリートと日本側の旧南機関関係者との深い結びつきが見られた。

その後、ビルマ政府は再検討条項に基づき、賠償額の引き上げを日本政府に対して求める。最低でもインドネシア並み（4億ドル）への引き上げを要求し、かつ「賠償」という名称の継続使用を主張した。日本政府はこれに抵抗を示し、1963年1月に本交渉がおこなわれたものの、両者の認識は大きく離れ、交渉の不成立すら予測された。しかし、ここでも戦時中のビルマ人政治エリートと日本側の旧南機関関係者との深い結びつきが奏功し、終盤になって交渉決裂だけは避けるべきとの判断が日本側に働いた。

双方妥協の末に締結された内容は、名前を「経済技術協力協定」としたうえで、日本は現行の賠償が終了したのち1億4000万ドル分の生産物と役務を12年分割で無償供与し、そのほかに3000万ドル相当の円借款を6年以内に実現するというものだった。日本政府は「賠償」というタームの使用を避けたが、一般にこの協定は「準賠償」と呼ばれ、1965年から1977年まで実施された。こうした一連のコメの輸入と賠償交渉を通じて、日本側に南機関・BIAの「良き思い出」を基盤にした「日本とビルマの特別な友好関係」という認識が形成されていくことになった。ビルマ政府側もこうした日本側の認識を否定する態度は示さなかった。

対ビルマ政府開発援助（ODA）

日本の対ビルマ外交は、賠償を経て、その後は政府開発援助（ODA）へとシフトしていく。1968年から円借款（低利で円建て融資をする有償資金協力）が開始され、それが土台となった。1975年には返済不要のグラント（無償資金協力）も始まり、その後は1980年代後半にかけて多額のODAが日本からビルマへ供与され、その総額は1988年までに5117億円に達した。この額はこの時期の日本の他の国々へのODA供与と比較しても多額で、1988年までの通算でビルマは日本からのODA供与額が7番目に多い国だった。ビルマ側が受け取った二国間援助の総額で見ても、日本はビルマに対する援助の最多供与者（トップドナー）の位置にあった。

ビルマではこの間、1962年3月の軍事クーデターでウー・ヌ政権を倒し全権を握ったビルマ国軍が、ビルマ社会主義計画党（BSPP）による一党独裁を通じ社会主義体制（ビルマ式社会主義）を築いていたが、目指した自力更生型の経済運営には失敗した。そのとき、内政へ介入する恐れがない日本と西ドイツからのODAに依拠するようになっていった。日本政府はODA供与を通じた関係を軸に、国軍を基盤とする当時のビルマ政府との安定した関係を構築した。

しかし、肥大化した日本の対ビルマODAは、海外から「垂れ流し援助」と批判されるようになった。実際、ビルマへの技術移転を伴わない「商品借款」（日本の工業製品の部品を低利融資で購入させ、現地でトラックや軽自動車等を組み立てるプロジェクト）が全体の3割を占め、1988年には生産されたトラックの一部が軍事転用された可能性も指摘されるようになった。また、多額の援助供与だったにもかかわらず、ビルマの一般国民に日本のODAによる貢献が伝わることも少なかった。

たとえば1980年代半ばの光景でいえば、パリで数年使われた現代的なデザインの大型バスがフランス政府によって大量に無償供与されてラングーン市内を走り始め、一方で1960年代から日本の部品で現地組み立て生産された古いタイプの中型バスも並行して走っていた。地元民は運賃が高めでもモダンな「フランスのバス」のほうを好んだ。また、1987年には同じフランスがラングーンの中心にそびえたつシュエダゴン・パゴダ（仏塔）の夜間照明設備一式を無償供与したが、これも多くの市民によって歓迎された。日本も病院や陸上競技場を無償で建設するなどの貢献をしていたが、一般に知られることは少なく、その圧倒的な供与額に比して、日本のODAはビルマ国民のあいだで存在感が薄かった。

3　軍事政権期の関係

1988年、ビルマでは全国規模の民主化運動が起きる。ネーウィン率いるビルマ式社会主義体制はこれによって倒れたが、民主的政府が生まれることはなく、ひきつづきビルマ国軍が軍事政権をつくって全権を把握した（同年9月）。それまで認められていなかった政党結成の自由が実現したが、人気を博した国民民主連盟（NLD）は、指導者のアウンサンスーチーが軍政によって長期自宅軟禁に処されたため、政治活動を制約された。それでも1990年5月の総選挙でNLDは立候補を許されなかったアウンサンスーチー抜きで圧勝した（議席の80％を獲得）。しかし、軍事政権は政権移譲を認めず、その後、2011年3月まで長期に政権の座に居座った。この間、アウンサンスーチーはノーベル平和賞を受賞し（1991年）、国際的に認知度を高めたものの、軍政が彼女にいっさい妥協しなかったため、政治的には冬の時代がビルマで続いた。また経済的にも社会主義が放棄され市場経済が導入されたが、軍政の利権が優先され改革は中途半端に終わった。

ビルマの軍政に対し、米国やEUは「制裁」や「対決」色を強めた。特に米国は臨時代理大使しか置かず、1997年5月から経済制裁を実施、2003年7月にはそれをいっそう強化した。一方、ビルマとの間で最長の国境線を有する中国は、軍事政権へ急速に接近し、同国への経済進出を図るとともに、人権抑圧や民主化への不熱心のために国際社会で孤立しがちな軍事政権を、国連の安全保障理事会（安保理）などで擁護する側にまわった。そこにはビルマの豊富な資源を安定的に確保したい意向のほか、ビルマを経由したインド洋への陸上進出ルートを確保して、仮想敵国の一つであるインドをけん制しようとする意図もあった。これに対しインドは１９９０年代前半まではビルマ軍政と距離を置いていたが、その後は姿勢を転じ、ビルマにおける中国のオーヴァープレゼンスを防ぐべく、軍事政権との友好関係を強めた。このほか、アセアン（東南アジア諸国連合）も１９９７年にビルマをメンバーに迎え入れ、同国が孤立することのないよう支えた。

日本はこうした状況下、軍政に民主化と経済改革を促す「説得」を通じた関与外交を選択した。市場経済化の推進、民主化への努力、そしてアウンサンスーチーの自宅軟禁からの解放の3点を中心に要求を示す一方、軍事政権のメンツをつぶすことなく「友情ある説得」に終始し、あからさまな制裁をおこなうことはなかった。この姿勢を通じて安定したパイプを軍事政権との間で築き、そのうえでＮＬＤとの交渉パイプも維持するという姿勢をとった。この間、対ビルマＯＤＡを１９８８年以前の25％以下にまで減らし、一部例外案件を除き円借款は実施せず、比較的小規模な案件から成る無償援助のみに控えた。

ただし、日本はフリーハンドで対ビルマ外交を展開できたわけではない。国際社会のビルマ軍事政権に対する厳しい視線を軽視するわけにはいかず、とりわけ軍事政権に対し強硬姿勢をとる米国との関係を考慮する必要があった。それでも日本側には２０００年代に入るころまで、南機関やＢＩＡに象徴される日緬間の「特別な友好関係」が歴史的に形成されてきたとの認識があり、それに基づく独自外交を貫こうとする意図が見られた。

2003年5月に発生したアウンサンスーチー一行に対する地方での襲撃事件（ディベーイン事件）以降、2007年9月の僧侶による反軍政デモとその鎮圧を経て、日本のビルマ軍政に対する対応は厳しくなり、それまでには見られなかった強い申し入れをおこなったり、ODA案件の一部中止を決定したり、ビルマ難民の認定者数が大幅に増えたりした。しかし、それでも「友情ある説得」路線から大きくそれることはなかった。

こうした日本の対ビルマ外交は国際社会の中で独自性を有してはいたが、基本的には軍政との安定した二国間関係の維持に努めたため、軍政から見た場合、日本は（中国、インドやアセアンほどではないにしても）「甘える」ことのできる存在だったことは間違いない。国際的に活動する人権NGOや民主化支援団体からも、軍政に対しもっと強い姿勢をとるよう頻繁に日本政府へ申し入れがなされた。日本はNLDやアウンサンスーチーとのパイプも維持したとはいえ、軍政側とのパイプと比べたら非常に細いもので、それは軍政に不快感を与えるほどのものではなかった。ビルマでは軍が強力な存在として政権を長期に維持してきたので、日本政府はNLDへの政権交代が起きる可能性は少ないとみなしていた節がある。

4　2011年3月以降の「変化」と日本の対応

長期にわたったビルマの軍政も、2011年3月末に旧軍政のナンバー4で首相だったテインセインを大統領（国家元首）とする「民政」移管がおこなわれ、終わりを告げる。2008年に15年間かけて準備した新憲法を強行成立させ、それを基にアウンサンスーチーを自宅軟禁に処したままＮＬＤの参加なしで２０１０年11月に総選挙を実施、軍政直系の連邦団結発展党（ＵＳＤＰ）を圧勝させ、その流れの中で軍人が軍服から背広に着替える形で新政権が生まれた。これ以降、ビルマでは急速に民主化に向けた「変化」がはじまり、日本との関係も新しい局面を迎えるようになった。

テインセイン大統領期の「変化」（2011年3月〜2016年3月）

大方の予想を裏切り、テインセイン大統領は就任後しばらくしてから国際社会が驚くような改革に乗り出した。アウンサンスーチーの政治活動の自由を保障するばかりでなく、二人だけの直接対話をおこない、その後は政治囚の解放、事前検閲の廃止など、市民活動の自由を大幅に認めるようになった。経済改革にも精力的に取り組み、二重為替レートの廃止を初め、市場経済化の推進に必要な法的措置を次々にとった。

テインセイン前大統領とアウンサンスーチー国家顧問

アウンサンスーチーは２０１２年４月の補欠選挙を経て、下院議員として名実ともに政治家となり、彼女が党首を務めるＮＬＤも、上下両院合わせて40議席強に過ぎないとはいえ野党第一党となった。

しかし、一連の「変化」はアウンサンスーチーに象徴される民主化運動が勝利して生じた「下からの変化」ではなく、国軍がそれまでの強硬姿勢を転じて始まった「上からの変化」であり、この段階では大幅なマイナスからゼロに回復する過程だったといえる。ゼロを超えてプラスに至る「本格的な変化」（鍵括弧のつかない変化）が始まるには、さらなる時間がかかった。

そこには2008年に軍政主導で制定された現行憲法の大きな壁があり、それは2016年8月現在も存在する。現行憲法は軍の特権をさまざまな形で保障し、それがあるからこそ、国軍は憲法さえ変えられることがなければ、民主化や経済の自由化に向けた改革に協力的な態度をとっても良いと考えているのだといえる。現行憲法における軍の優位性は、次の7点にまとめられる。

①上下両院それぞれで定数の25％の議席があらかじめ軍人に割り当てられる（民選部分は75％のみ）
②正副大統領計3名のうち1名以上は軍人議員が選んだ人物を置くことができる
③内務大臣、国防大臣、国境担当大臣の主要3ポストは大統領ではなく国軍司令官が指名できる
④内閣より上の存在として規定される国防治安評議会のメンバーの過半数を軍関係者が占める
⑤国家が非常事態を迎えたと大統領が宣言した場合は、全権が国軍司令官に移譲される
⑥配偶者と子供に外国籍の者がいる人物は正副大統領に就任できない
⑦憲法の改正には上下両院それぞれ75％＋1名以上の議員の賛成に基づく発議が必要とされる

2016年3月以降の変化

2015年11月に実施された総選挙は、ビルマ史のなかで1960年以来となる自由かつ結果が尊重される選挙となり、アウンサンスーチー率いるNLDが上下両院で圧勝し、指定席を持つ軍人議員

を含めても各院で6割前後の議席を獲得した（与党USDPは大敗）。これにより安定過半数を持つ与党となったNLDは、大統領に加え2人いる副大統領のうちの一人を選出できることになった。しかし、上述の憲法の制約で、息子が英国籍を持つアウンサンスーチーは大統領になる資格がなく、その条項を改正するための75％＋1以上の議員の賛成も軍の反対のため望めないため、NLDはやむなくアウンサンスーチーの代行的役割を果たすティンチョー大統領を選出した（2016年3月30日）。

さらに新政権発足後7日目の4月6日、軍の強い反対を押し切り、NLDは上下両院それぞれ過半数の賛成を得て国家顧問のポストを新しく設け、アウンサンスーチーに就かせた。このポストは正副大統領と正副大臣、および各省庁に助言を行うことができる権限を持つ、実質的に「大統領以上の存在」である。時限立法（5年限定）であり、アウンサンスーチーのために作られたポストだといってよい。これにより、憲法改正に応じない軍を横に、アウンサンスーチーは「事実上の大統領」に就任した。このほか彼女は外務大臣と大統領府大臣も兼務している（2016年8月現在）。

変革を求められる日本の対応

日本政府はこの間のビルマの「変化」を歓迎し、「オールジャパン」体制による全面的な支援を約束、5000億円を越えていたビルマ側の対日債務を、テインセイン大統領が就任した2011年から翌12年にかけて実質的に全額免除し、軍政期に減額していたODAも本格再開した。円借款による港湾や工場団地の整備にはじまり、農村開発、保健衛生、教育、法整備、人材育成等、ほとんど網羅的ともいえる範囲で支援を展開するようになった。民間企業も「ミャンマー詣で」をおこない、積極的に投資する企業が増え始めた。日本企業の関心は、国際空港の増改築請負や運営権の確保、ODAとの協同によるティラワ経済特区（工業団地）開発のほか、金融、証券、通信分野に及んでいる。

しかし、テインセイン政権期の5年間、日本政府や日本の企業は、軍の影響下にあった与党USDPとの関係を重視し、NLDとの関係強化にはあまり励まなかった。そこには想定以上にテインセイン政権が改革に前向きだったので、国民も同政権へ支持を強め、アウンサンスーチーやNLDはかつてほどの強い支持を維持できないのではないかと判断していた可能性がある。2013年4月にアウンサンスーチー党首を日本に公式招聘するなど、日本政府はNLDへそれなりの配慮を示したが、彼女はそのとき、東京のNGO3団体が参加した小規模会合で、「日本の（対ビルマ）外交の欠点は、政権が交代することがあるということをほとんど考えていない点にある」と語っている。これは日本政府のテインセイン政権への偏りに警告を発したものとみなせる。実際、近い将来にNLDが政権を担うようになるとは予測していなかった日本政府は、その後2015年11月の総選挙が近づくまで、国民のあいだで長期に継続したNLDの圧倒的人気を見抜けなかった。

日本国内には国会議員からなる日本・ミャンマー友好議員連盟をはじめ、経済界が参加する日本ミャンマー協会等、ビルマとの交流を深めることに熱心な有力団体がいくつか存在する。しかし、それらの多くはテインセイン政権やその背後の軍との関係を重視し、NLDとの交流に力点を置くものではなかった。報道されることはなかったが、2015年11月の総選挙での圧勝を受けて、NLDは密使を日本政府と自民党に送り、新たな交流のルートづくりを模索している。アウンサンスーチーが中心を占める新政権は、これまでのようなビルマの軍を中心とした二国間の交流ではなく、政府間、議員間、そして民間の新しい次元の交流を強く望んでいる。「オールジャパン」体制はその中身や性格を新政権の要望に合わせながら、変革していく時期に直面している。

未来を考える

ビルマの新政権が抱える課題は多様である。それに対する支援として、日本は何を優先すべきか、この国のよき未来を見据えながら考えてみたい。まずは日本政府の課題から見てみよう。ビルマに対するODAはテインセイン政権期のような総花式のものを継続するのではなく、アクセントを明確につけ、この国の保健衛生状況の改善と教育改革支援、および人材育成に力点を置いたものにシフトさせる必要がある。これらはいずれもビルマにおいて古くから深刻な問題点として指摘されてきたもので、特に教育改革支援は日本が確実に貢献できる分野だけに、より本格的な支援が求められる。単に校舎を建てたり学用品を支援したりするだけではなく（それも大切なことだが）、この国に目立つ地方の無教師村の解消に力を貸すべきである。教員を都市部だけで育成してもインフラの悪い農村や山岳地帯に教師は赴任したがらない。必要なことは無教師村が多い地元で教員を養成し、その地元で教師になってもらうシステムづくりに貢献することである。教育改革なくしてこの国の民主化は望めない。

経済協力ももちろん重要である。ただ、その際に考えるべきことは、ビルマが農業国だということである。この国の「得意科目」は農業であり、それをさらに引き伸ばす支援が望まれる。工業化の推進とともに、農業の近代化もビルマの未来を発展させることになる。

ビルマに進出する民間企業の課題についても触れておきたい。反ムスリム暴動や反ロヒンギャ暴動などに象徴されるビルマの社会不安の理由のひとつに、大量の失業者の存在がある。これを少しでも減らせるよう、雇用を多く確保できる分野への企業進出が望まれる。また、賃金が上昇したら別の国へ去っていくのではない、長期かつ安定的な投資が求められる。これは企業によるビルマへの「責任ある関与」だと言い換えてもよい。その際、人材育成はもちろんのこと、現地への技術移転も視野に入れた投資が歓迎されることは論を俟たない。よくいわれることではあるが、投資する側だけでなく「相手国のためにもなる」投資が何よりも求められているということである。

一方、ビルマ政府も海外からの援助に頼るだけでなく、自らの努力を深めることが大切である。その際、まずは自国の経済開発に関するグランド・デザインをつくることが求められよう。それをしないまま、外国からの支援や投資をただそのまま受け入れている状況が続くと、国中が外国経済の「草刈り場」にされてしまう危険性がある。行政府と立法府（議会）の相互協力体制をしっかり構築し、国民の理解が得られる開発の基本プランの構築をおこなうべきである。同時に深刻化する土地投機の抑制策や、時に爆発する宗教間対立（特に多数派の仏教徒による少数派のムスリムへの攻撃）、そして少数民族問題を解決に導くための積極的な措置も強く求められる。

このほか日緬両国の国民レベルでの課題を付け加えれば、さまざまな国際ＮＧＯやＮＰＯが軍政期からビルマに入っているが、彼らの活動の場は今後ますます増えていくことは間違いない。軍政期には国際ＮＧＯに対する監視や規制、プロジェクトへの介入があからさまに見られたが、テインセイン政権を経て、変化がますます本格化する現政権下においては、そうしたネガティヴな側面は薄らいでいる。日本の代表的ＮＧＯのひとつ Bridge Asia Japan のように、敢えて仏教徒とムスリムの対立が生じている地域に入り、そこで両教徒を平等に職員として雇用し、井戸掘りや校舎建設といった地元の発展に直接貢献するプロジェクトに一緒に取り組ませ、両コミュニティの実りある交流を実現させている事例もある。このような地元コミュニティとの積極的な関係構築は、ＮＧＯだからこそできるものである。

両国の未来における良き関係をつくりあげるためには、大学レベルの留学生の交流も大切である。ビルマから日本に来る留学生を増やそうとする話は非常に増えているが、日本からビルマへ行く留学生を増やすほうにはあまり力が入れられていない。これでは一方通行になってしまう。相互に相手の言語を生きた形で学び、相手側の世界の中で一定期間一緒に暮らすことによって文化的接触を深めることが留学生には期待されている。

おわりに

最後に、ビルマを安易に「親日国」とみなす日本側の傾向に注意を喚起しておきたい。ビルマの一般国民は民族や宗教を問わず、けっして反日的ではないし、日本を好きだという人も少なくない。日本人と親しく接してくれるのが一般的である。しかし、それは彼らが「親日」だからというより、もともと「外国人に親切」だからなのだと理解したほうが賢明である。

たとえば、英国が日本軍によってビルマから西隣のインドへ退却を余儀なくされた１９４２年前半、山を越えて敗退する一行に対するビルマ人の仕返しや残虐行為は全く発生せず、逆に英人たちの退避行を助ける村人がたくさんいたことが当時の英人総督によって報告されている。一方、1945年に日本軍が英軍の反撃のためにビルマで非常に苦戦していたとき、村人がやさしく敗残日本兵に接し、さまざまに援助してくれた逸話もたくさんある（これがそもそもの「ビルマ人親日説」の起源になっている）。

しかし、彼らは基本的に「困っている外国人に親切」なのであり、「日本だけが特別」というふうには考えない方がよい。本章で触れた戦時中に日本軍が与えた被害や、アウンサンらが抗日闘争を展開した史実を知れば、特別に日本だけを好きになるということは考えにくい。安易な「ビルマ親日説」を信じることなく、日本とビルマの関係史を最低限学んで、ビルマ人との対等な交流を目指すことこそ、今後の両国の関係を深めていくことにつながるといえよう。

〔参考文献〕

倉沢愛子（編）（1997）『東南アジア史のなかの日本占領』早稲田大学出版部
小菅信子、ヒューゴ・ドブソン（編著）（2011）『戦争と和解の日英関係史』法政大学出版局
ジャック・チョーカー（著）／根本尚美（訳）／小菅信子、朴裕河、根本敬（共著）（2008）『歴史和解と泰緬鉄道――英国人捕虜が描いた収容所の真実』朝日新聞出版
根本悦子、工藤年博（共編著）（2013）『ミャンマー・ルネサンス――経済開放・民主化の光と影』コモンズ
根本敬（2010）『抵抗と協力のはざま――近代ビルマ史のなかのイギリスと日本』岩波書店
根本敬（2012）『ビルマ独立への道――バモオ博士とアウンサン将軍』彩流社
根本敬、田辺寿夫（共著）（2012）『アウンサンスーチー――変化するビルマの現状と課題』角川書店

根本敬（２０１４）『物語ビルマの歴史——王朝時代から現代まで』中央公論新社
根本敬（２０１５）『アウンサンスーチーのビルマ——民主化と国民和解への道』岩波書店
早瀬晋三（２００７）『戦争の記憶を歩く——東南アジアのいま』岩波書店
吉川利治（編著）（１９９２）『近現代史のなかの日本と東南アジア』東京書籍

コラム5

抗日蜂起を事前に見抜けなかった日本軍

本章で触れたように、日本軍によるビルマ占領の末期、アウンサン率いるビルマ国軍は、地下組織パサパラ（反ファシスト人民自由連盟）の武力的中核として密かに抗日準備を進め、1945年3月27日から日本軍に対し一斉蜂起した。日本のビルマ方面軍はビルマ国軍軍事顧問部を通じて100人以上の顧問を国軍各部隊に派遣し指導にあたっていたが、事前にこの蜂起を見抜くことはできなかった。

抗日蜂起がはじまる3週間前、バモオ内閣の国防相だったアウンサンはビルマ国軍最高顧問の地位にあった桜井徳太郎少将を訪ね、ビルマ国軍の兵器の充実と前線への出動を依頼している（1945年3月5日）。「反撃してくる英軍と戦っている日本軍を、ビルマ国軍も支援したいため」というのがその表向きの理由だった。軍事顧問部はすでに同年1月から、ゲリラ戦で英軍と戦わせるべくビルマ国軍の幹部将校に訓練を施していた。そうした背景もあり、桜井少将はアウンサンの要請を受け入れ、国軍を英軍が大挙押し寄せている油田地帯のイェーナンジャウン方面に向けて出陣させることを決定する。この時点でビルマ方面軍は国軍の蜂起準備について全く気づいていなかった。

3月17日、ラングーンのシュエダゴン・パゴダ西側広場（現在の革命公園のあたり）で国軍の出陣式が盛大に行われ、翌日以降、国軍の歩兵第4・第7大隊を中心とする各部隊は、イェーナンジャウンの手前に位置するプロームへ鉄道で向かった。一方、アウンサンは22日、軍事顧問部にもバモオ首相にも無断でラングーンから姿を消し、桜井少将らをあわてさせる。アウンサンはこのとき、蜂起に先立ってさまざまな調整をするため、先発隊を追うようにプローム近郊のシュエダウンへ向かったのだが、軍事顧問部はこの段階で初めて国軍が何か良からぬことを企てているのではないかと疑念を抱くようになった。

顧問部はとりあえずペグー（バゴー）にいた国軍部隊の動向を調査すべく、鈴木大和少佐をラングーンから派遣する。しかし、鈴木少佐は3月27日早朝、すなわち一斉抗日蜂起の始まる約12時間前に、一番不穏な情報が伝わっていたペグーの教導隊を視察して反乱準備の動向を詳しく調べたにもかかわらず、蜂起準備の証拠をつかむことはできなかった。

実は顧問部がビルマ国軍へ疑念を抱き調査を始めたことは、鈴木少佐がペグーに着く前に教導隊に伝わっており、隊長のチョオゾオ少佐（ビルマ国軍教育局長）は視察に対する準備を整えると共に、ただちにシュエダウンにいるアウンサンへ使者を出し、状況の緊迫化を伝えていたのである。アウンサンはその結果、日本軍がビルマ国軍に対する包囲網を作り上げる前に蜂起しなければならないと判断し、それまで4月2日と定めていた蜂起開始日を3月27日に繰り上げる。

興味深いことに、実際に蜂起が始まると、軍事顧問部はしばらくのあいだ、ビルマ国軍が日本軍ではなくバモオ首相に対して不満を抱いたために前線から「逃亡」したとみなし、アウンサンらはけっして反日ではないと認識していた。顧問部はなんと、バモオ首相に替えて1885年に廃止されたビルマの王室を復活させれば国軍は日本側に戻ってくると考え、そのような意見具申をビルマ方面軍司令部におこなっている。無論、そのような非現実的な提案はビルマ方面軍によって拒絶された。その後、方面軍は特別工作班を編成して反乱したビルマ国軍の帰順工作を軍事顧問部と共に企てる。しかし、成果は全くあがらず、5月初旬のラングーン陥落後、工作班は顧問部と共に解散させられた。
ちなみに、ビルマ国軍の日本人軍事顧問約100人中、蜂起の際に殺害された者は少なくとも20名以上いるが、多くの場合は国軍の捕虜となった。顧問として国軍のために尽くした者は乱暴に扱われることがなかった。元南機関員の高橋八郎大尉のように、丁重に保護され逃げ道まで用意された顧問もいる。高橋大尉はビルマ独立後もビルマ国軍と密接な関係を持ち、国軍歴史研究院（国軍史料館）の顧問や、在日ビルマ大使館のスタッフなどを長期にわたって務めた（1986年3月死去）。

高橋八郎氏に関して筆者には特別の思い出がある。ビルマに国費で留学していた1986年4月初め、国軍史料館での調査を認めてもらうべく、館長のH中佐を訪ねた際、亡くなる前に高橋氏に書いていただいていた推薦状を手渡した。中佐はそれを読むと、「高橋八郎氏は私たち国軍の恩人です。通常は外国人の利用を認めないのですが、氏の推薦状があるあなたについては、私の判断で特別に黙認しましょう」と語り、その後1年半、私は同館所蔵の一級史料を90数回にわたって読むことができた。この幸運がなければ、現在の研究者としての私はいなかったかもしれない。

（根本　敬）

第6章

在日ミャンマー人社会はいま

シュエバ／田辺　寿夫（ジャーナリスト）

1　ピードーピャン（帰りなん、いざ）

２０１６年初頭、在日ビルマ（ミャンマー）人社会で活動家として名の知れた二人のビルマ人が母国へ帰った。１月５日に帰国したマンダレー出身のティンウィン（Tin Win　１９５４年生まれ）と３月５日から３週間ほど一時帰国したヤンゴン出身のチョーチョーソウ（Kyaw Kyaw Soe　１９６３年生まれ）である。チョーチョーソウは夫人をともなっての帰国だった。テインセイン政権になってから、在外ビルマ人に対して、４週間のビルマ滞在を認めるビザ（ビルマ人はソーシャル・ビザと呼ぶ）が発給されるようになり、チョーチョーソウ夫妻はその発給を受けての一時帰国であった。ティンウィンの方は「完全な（アピーパイン）」帰国である。

二人は20年におよぶ歳月を日本で過ごし、その間、母国の土を踏むことは一度もなかった。在日の活動家としての経験は豊かで、英語あるいは日本語でそれなりに弁の立つ二人は日本の新聞やＴＶなどのメディアにしばしば登場した。また日本の大学や外国人支援のＮＰＯなどが主催するシンポジウムにしばしば招待され、在日ビルマ人としてのおもいや生活について、母国の情勢や日本での活動について語った。そんな二人の久しぶりの帰国は日本の新聞やＴＶなどで大きく取り上げられた。二人の帰国は、２０１５年11月の総選挙でアウンサンスーチー率いる国民民主連盟（ＮＬＤ＝National League for Democracy）が圧勝し、国政を握って本格的な民主化に向かう道筋がたしかなものになったビルマの変化を象徴する格好の話題として日本のメディアはとらえたのである。

1988年から2011年にかけての軍事政権時代は帰れる状況ではなかった。二人はともに、軍事政権の追及の手を逃れて来日し、日本政府から難民として認定された。母国へ帰れば軍事政権の敵対者として逮捕され、投獄・拷問など迫害を受けるおそれが十分にある人物として保護の対象となったのである。ここでいう難民とは「人種、宗教、国籍、属する社会的集団、政治的意見のために、母国へ帰れば迫害を受けるという十分に理由のある恐怖を持つ」人物に対して、難民条約（難民の地位に関する条約およびその議定書）締結国である日本政府が保護して在留を認め、日本国民とほぼ同等の権利を与えるものである。

来日したのはチョーチョーソウの方が早く、1991年のことだった。1988年、当時、ビルマ全国に広がった民主化闘争に参加し、その後も同年9月に武力を行使して民主化運動を制圧し、国権を掌握した軍事政権に反対する活動を行ったため、当局（軍事政権とくに軍情報部＝MI）ににらまれ、逮捕が迫っていることを察知して逃げるように母国をあとにし、日本へやってきた。

一方、イスラム教徒であるティンウィンは1988年民主化闘争では中部ビルマの大都市マンダレーのイスラム系の諸団体をまとめて活躍した。その年9月に新たに結成されたNLDの党員になった。1990年5月、軍事政権下で実施された30年ぶりとなる複数政党制による総選挙でNLDは圧倒的な勝利をおさめた。当然、議会が招集され、政権委譲がなされて新しい憲法が制定されるものと多くの国民は期待した。しかし、軍事政権が国会を召集することはなく、政権委譲を拒否したばかりか、アウンサンスーチーに長期にわたる自宅軟禁を科し、NLDに対する攻撃を強めた。1996年、NLDは党本部に幹部を集め、独自に新しい憲法の草案づくりに着手した。ティンウィンはこのNL

Dの憲法草案作成のための会議に参加した。それが反政府すなわち反国家的（反逆）行動であるとされ、逮捕されそうになったが、間一髪追及の手を逃れ1996年に来日したのだった。

二人は来日後も母国の軍事政権に反対し、民主化を実現するための活動をつづけた。ビルマ社会主義計画党が一党独裁政治体制をしいていた時代（1962〜88）には、いかなる団体の結成も認められなかった。しかし、ビルマで民主化運動が高揚した1988年9月、母国の民主化運動に呼応すべく、当時日本に住んでいたビルマ人や留学生たちを中心に、在日ビルマ人協会（BAIJ＝Burmese Association in Japan）が産声をあげた。その後、1988年民主化闘争を経験した若者たちが来日し、民主化をめざすビルマ人団体をつぎつぎと結成した。こうした団体はそれぞれ独自の、時には各団体が大同団結しての活動を繰り広げた。彼ら、彼女らのすべてがビルマで政治活動に直接かかわったわけではない。仕事を求めて、あるいは学ぶ機会を求めて来日した人たちも少なくない。それでもその人たちの多くは軍事政権に反対する意思は持っており、デモや集会が自由に行える日本では反軍事政権・民主化要求行動に参加するようになった。

ビルマ人たちには、ヤンゴン工科大学の学生が殺され、学生たちが反政府行動に立ち上がるきっかけとなった3月13日、民主化要求行動がもっとも盛り上がった8月8日（8888）、民主化行動を武力で鎮圧し、軍が国権を掌握した9月18日など、1988年民主化運動にはいくつもの節目となる記念日がある。毎年、そうした記念日がめぐってくると在日ビルマ人たちは東京・北品川にあるミャンマー連邦大使館前に集まり、軍事政権への抗議の声をあげた。1990年5月、総選挙でのNLDの圧勝、1991年、アウンサンスーチーのノーベル平和賞受賞、2003年5月、地方遊説中のアウンサンスーチー一行が襲撃されたディペイン事件などに際しては、日本でのビルマの人たちの行動は大きな盛り上がりを見せた。

日本国民、日本社会の反応はビルマ人が期待するほどではなかった。ビルマ人たちの働きかけに応じる主な行動としてはノーベル平和賞受賞者アウンサンスーチーの自宅軟禁からの解放を求めるキャンペーンが女性たちを中心に盛り上がったこと、超党派の「ミャンマーの民主化を支援する国会議員連盟」が民主化をよびかけ、ビルマ人たちの活動を支援したこと、連合の支援でビルマ日本事務所（Burma Office, Japan）」が設置され、ビルマ民主化運動への理解と支持を連合傘下の労働組合を通して広く日本国民に訴えたことなどがあげられる。ビルマ市民フォーラム（ＰＦＢ＝People's Forum on Burma）、大阪に本部を置くビルマ救援センター（ＢＲＣ＝Burma Relief Center）、アムネスティ・インターナショナル日本支部、難民支援協会（ＪＡＲ＝Japan Association for Refugees）、ＡＰＦＳ（Asian People's Friendly Society）などの民間団体もビルマ人の支援を行った。そんななか、日本人、日本社会へビルマへの理解と支援・協力を訴えつつ、母国民主化の運動を精一杯推進した活動家のなかにチョーチョーソウとティンウィンもいた。この二人が傑出した存在だということではない。あくまでも日本の中で母国民主化の運動に加わった多くのビルマ人のうちの二人である。

2　日本での民主化活動

チョーチョーソウは来日当初ビルマ青年ボランティア協会（Burma Youth Volunteer Association＝

ＢＹＶＡ）のメンバーとなった。その後、ＢＹＶＡがビルマ民主化同盟（League for Democracy in Burma＝ＬＤＢ）として改組されてからは、その委員長あるいは副委員長として活躍した。ＬＤＢは大きな団体ではないが、ＮＬＤ・ＬＡ（国民民主連盟・解放地域 Liberated Area）日本支部やビルマ民主化行動グループ（ＢＤＡ＝Burma Democratic Action Group）、在日ビルマ少数民族協議会（ＡＵＮ＝Association of United Nationalities）などとともに、集会やデモを頻繁に組織し、日本から母国民主化の声をあげつづけた。[1] これらの団体は日本で行動するだけではなく、それぞれ国内やビルマ・タイ国境地域で活動する個人や団体を通して、母国の民主化活動ともつながる努力をつづけた。

ＬＤＢは毎年4月にはビルマ暦の新年を祝う伝統行事である「水祭り（ダヂャン）」を主催する。ステージにはアウンサンスーチーの肖像が飾られ、海外から来た民主化活動家がスピーチをすることはあるが、政治を前面に押し出す催しではない。それだけに、水祭りにはふだんは民主化運動にかかわらない人たちを含め、東京とその近郊に住むビルマ人たちが年によっては千人以上も集まってきてにぎわう。ちなみにＮＬＤ・ＬＡ日本支部は秋に同じように「ダディンジュッ（雨安居明けの灯祭り）」を主催する。

来日後8年たった１９９８年になってチョーチョーソウはようやく難民として認定された。それまでの不安定な立場から、在留資格を得て心おきなく母国民主化の活動ができるようになった。彼の活動のなかで目立ったものの一つは週刊紙『Voice of Burma』の編集・発行である。この週刊紙はＩＴの普及がいまほどでなかった時代、ＢＢＣ、ＶＯＡ、ＤＶＢ（Democratic Voice of Burma 民主ビルマの声）、ＲＦＡ（Radio Free Asia）などのビルマ語放送の内容や新聞各紙が報じるビルマにかかわる記事などをまとめたビルマ語タブロイド紙として、在日ビルマ人のあいだで重宝された。同時期にビルマ語月刊誌『エラワン』も人気があった。『Voice of Burma』はビルマ国内や国際的な政治情勢についてのニュースを掲載したが、『エラワン』の方は、在日ビルマ人が日本で生活して行くうえで必要な知識を提供したり、楽しく、面白いニュースを紹介したりで、これまた人気があった。チョーチョーソウは一時期『エラワン』の編集・発行人をつとめたこともある。[2] いまは『Voice of Burma』も『エラワン』も姿を消した。在日ビルマ人が情報を得る手段はいまや活字メディアではなく、圧倒的にスマートフォンであり、パソコンになったことがうかがえる。

さらに2002年、チョーチョーソウはビルマ人の友人たちの協力を得て高田馬場駅の近くにビルマ料理店「ルビー（ビルマ語名「バダミャー」）」を開店した。在日ビルマ人たちは故国の味を楽しむために店を訪れるだけではなく、在日経験豊富で面倒見のよいチョーチョーソウ夫妻にビザの取得や生活上のさまざまな相談を持ちかけるようになった。「ルビー」は在日ビルマ人にとっては「生活相談所」であり、インフォメーション・センターのような場所になっていった。

2011年3月11日の東北大震災直後、チョーチョーソウはビルマ人たちを集めてボランティア・グループを組織し、APFSと協力して陸前高田市などの被災地へ向かい、炊き出しを行った。あたたかく、気持ちのこもったビルマ風ジャガイモ入りチキンカレーは被災者たちに喜ばれたと岩手日報など地元のメディアは報じた。[3] さらにチョーチョーソウ夫妻の来日の経緯、日本での奮闘ぶりが土井敏邦監督のドキュメンタリー映画「異国に生きる　日本のなかのビルマ人」（2012年公開）に主人公として取り上げられた。この映画をとおしてチョーチョーソウ夫妻を知り、ビルマや在日ビルマ人の生きざまに関心を持った人たちもまた「ルビー」を訪れるようになり、日本人客も増えた。こうして「ルビー」は日本人とビルマ人との交流の場となり、高田馬場駅周辺に数多くあるビルマ料理店のなかでも異色の存在として知られるようになった。

一方、ティンウィンの活躍も目覚ましかった。軍事政権から敵視されていたNLDの党員であり、アウンサンスーチーとも一緒に仕事をしていたという経歴から、彼は来日後2年たった1998年には難民として認定された。当時としては早い難民認定だった。ティンウィンは英語に堪能だった。ビルマではアウンサンスーチーが海外メディアに対して英語で答えたインタビューの内容などをビルマ語に翻訳したりもしていた。群馬県太田市の工場で働き、週末には東京へ出てきて活動するティンウィンは日本でも英語力を生かして多くの知己を得た。そのなかには国内、国外で労働運動に携わる日本人幹部もいた。そうした人たちの助言と協力を得てティンウィンは日本で働くビルマ人労働者を組織して、2002年にFWUBC（在日ビルマ市民労働組合 = Federation of Workers' Union of the Burmese Citizen in Japan）を結成した。当時としてはきわめて珍しい外国人労働者の組合だった。FWUBCは、例えば給料の遅配、事前通告なしの解雇、労災事故への経営者の不誠実な対応など、外国人労働者の働く労働現場で日常的に起こる問題に取り組んだ。こうした問題の解決のために助言し、協力したのは連合傘下の産業別労働組合JAM（ジャム Japan Association of Metal, Machinery and Manufacturing Workers）である。

FWUBCは労働現場の問題の解決にあたるばかりではない。組合員の多くには「軍事政権の支配に苦しむ母国ビルマの労働者大衆を励まし、支援する」「アウンサンスーチー率いるビルマの民主化運動を全力で支援する」など、母国民主化のために貢献しようというおもいがあった。彼ら、彼女らは、帰国したあかつきには日本で学んだ労働運動の知識と経験を生かして母国の発展に貢献しようと考えていた[4]。

ティンウィンは自ら設立したＦＷＵＢＣの委員長を２００２年から２０１４年までつとめた。この間、日本人専門家の協力を得て、組合員ではないビルマ人たちにも参加を呼びかけ、日本の法律や制度についての勉強会（ワークショップ）を頻繁に開催した。また外国人労働者への医療で知られる横浜みなと町診療所の山村淳平医師や、その診療所出身で高田馬場にビルマ人をはじめとする在日外国人を対象に「さくらクリニック」を開設した整形外科専門の冨田茂医師らの協力を得て、組合員やその周辺のビルマ人のための医療相談の場を定期的にもうけるなど、多彩な活動を率先して実施した。ＦＷＵＢＣは現在も１００人以上のメンバーを擁し、技能実習生の問題（後述）に取り組むなど活発な活動をくりひろげている。

ビルマでは２０１１年、テインセイン政権が発足した。もともとＮＬＤの党員であるティンウィンは２０１５年11月の総選挙前に帰国してＮＬＤ勝利のために選挙運動をしたいと考えていた。２０１１年の後半には帰国を決意した。しかし、帰国が実現するには4年以上かかった。難問が待ち構えていた。軍事政権時代、在日ミャンマー（ビルマ）連邦大使館は、ビザの有無にかかわらず、日本で働くすべてのビルマ人から月額1万円の「税金」を徴収していた。ティンウィンを含め、日本政府に難民認定を申請する人や、反軍事政権の活動をする人たちは、ほとんど「税金」を払ってこなかった。「国民を苦しめる軍事政権に金など払うものか」と無視していたのである。しかし、帰国するとなると、旅券がすでに失効しているために、大使館が発給する新しい旅券もしくは身分証明書類（ＣＩ＝Certification of Identity）が必要となる。その発給のために必要だとして大使館は帰国希望者に対して、「滞納」している「税金」の支払いを要求した。10年以上にわたって「税金」を払ってこなかったティンウィンが請求されたのは１５０万円を超える額だった。簡単に用意できる額ではない。日本で労働組合運動の経験を積んでいたティンウィンはおそらく大使館担当者と、「税金」の減額や支払い方法について「労使交渉」さながら粘り強く交渉したのであろう。交渉は1年以上におよんだ。結局、ティンウィンがおよそ50万円を一時払いすることで交渉は「妥結」し、晴れて帰国が実現したのであった。残念ながら総選挙はすでに終わっていたが、大勝利をおさめ、政権を担うＮＬＤの一員としてティンウィンは働こうとしている。

3　難民認定をめぐって

チョーチョーソウやティンウィンのような１９８８年民主化闘争経験者たちは１９９０年頃から日本へ来るようになった。そのほとんどは20代、30代の男女である。軍事政権から危険人物とにらまれ、国を追われて逃げるようにやってきた人たちの多くは、日本で難民認定を申請することになる。当局からにらまれていることもあって、この人たちの多くは、なけなしの金を払って旅券、査証、航空券などをブローカーを通して入手し、やっとのおもいで出国してきたのである。日本へやってきたビルマ人たちのなかには、偽造旅券を所持していたり、本来、稼働（報酬のある労働に従事）できない短期滞在での入国であったにもかかわらず働いたり、3ヵ月なり、6ヵ月なりの滞在期限を超過したりして不法滞在にあたるとして入国管理局の施設に収容された例は枚挙にいとまがない。収容されている時期に、日本には難民認定制度があることを知り、申請するビルマ人も少なくなかった。さらには難民認定を申請しても認められず、異議申し立てをする、それも却下され、再申請をする、それでも認められない場合には、行政（法務省）の判断は不当であるとして司法（裁判所）に訴え「難民として認めない決定の取り消しを求める」訴訟を提起するケースもあった。

難民認定がどれほど狭き門であったか、時間がかかったか、一つの例としてラカイン州マウンドー出身のロヒンギャ民族であるゾーミントゥッ（Zaw Min Htut 1972年生まれ）のケースを紹介する。

彼が来日したのは1998年のこと。1996年に起こった学生の反政府デモに関わったために当局に追われることになったゾーミントゥッは、成田空港に着いた時点で難民認定を申請しようとした。しかし、来日前にブローカーに金を渡して入手した経済活動のためのビザを所持していたため、「虚偽申請」であるとされ、上陸（入国）が認められず空港の施設に収容された。その後、彼の身柄は茨城県牛久市にある入国管理局の施設に移され、11ヵ月間収容された。その間に難民認定は二度にわたって退けられ、結局、難民として認めない法務省の判断は間違いであるとして行政訴訟を提起することになった。

前述のとおり、難民とは難民条約第一条によって「人種、宗教、国籍、その属する社会的集団、自らの政治的意見のために、母国へ帰れば迫害を受けるという十分に理由のある恐怖を持つ」人物と定義されている。ゾーミントゥッはロヒンギャ民族であり（人種）、イスラム教徒である（宗教）。また軍事政権によって国民としての権利を認められていない（国籍）。さらに彼は反政府活動のために学生たちを組織していた（社会的集団）。いうまでもなく軍事政権に反対するデモなどの行動に参加した（政治的意見）。それでも法務省は彼を難民とはして認定しなかった。１９９８年に始まった東京地裁の審理がまもなく結審を迎えようという２００２年の２月、ゾーミントゥッのもとに法務省からの書類が届いた。そこには「貴方に関する難民不認定の決定を取り消します」とあった。不認定を取り消す、すなわち難民として認定するとの意味である。結局、彼の場合は難民認定をうけるまで1年近くにおよぶ収容を含め４年もの歳月が経過したのである。

ビルマ人が難民として認定がされるようになったのは１９９０年代の後半になってからである。１９９８年には８人のビルマ国籍者が難民として認定された。難民としては認めないが人道上の配慮から在留特別許可を認められたビルマ人は11人、したがってこの年に19人のビルマ国籍者が日本政府の庇護を受けた。[5] その後、毎年10人ほどのビルマ国籍者が難民として認められ、人道上の配慮から在留特別許可を認められるビルマ国籍者も増えていった。こうして、きわめて「狭い門」とされる日本の難民認定制度のなかで、ビルマ国籍者は特異な位置を占めるようになった。２００５年にはビルマ国籍者37人が難民認定を受け、人道上の配慮で在留特別許可を受けたビルマ国籍者は43人にのぼった。あわせて80人である。この年の難民認定申請者総数は３８３人、そのうちビルマ国籍者は２１２人。法務省はプレス・リリース「平成十七年における難民認定者数等について」のなかでこう述べている。

「……申請者の国籍別では、申請の多い順に、ミャンマー、トルコ、バングラデシュとなっているが、特にミャンマー国籍を有する者の申請が急増している。難民と認定した者の国籍も、その九割以上がミャンマーであった」

このように一時期、難民といえばビルマ人といわれるほどになっていた。しかし、ビルマ情勢の変化、すなわち軍事政権が終焉し、テインセイン政権による民主化改革が始まるとともに難民として認定されるビルマ国籍者は減ってきた。2015年の難民認定申請者は7586人。国籍別ではネパールが1768人ともっとも多く、以下インドネシア、トルコとつづき、ビルマ（ミャンマー）は808人で四番目となっている。ミャンマー人申請者の数が激減したわけではないが、申請者総数に占める比率は下がっている。2015年の難民認定者は27人、その国籍は11ヵ国にわたり、アフガニスタン6人、シリア3人、エチオピア2人と発表されている。ビルマ国籍者は含まれていない。中東・アフリカ地域の不穏な情勢が反映されている。一方、人道上の配慮から在留を認められた人は79人、そのなかではビルマ（ミャンマー）国籍者がもっとも多く12人となっている。

それにしても今も800人を超えるビルマ人が難民認定を申請している。なかには難民認定を却下されてからの「異議申し立て」、それも否定されたのちの二度目、三度目の難民申請者も含まれている。そのうちの多くは内戦状況がつづくカチン州やシャン州出身のカチン民族や国民としての権利を奪われているラカイン州出身のロヒンギャ民族などであろうと推測される。このように外国へ脱出して難民認定を申請せざるを得ない状況を生んでいるミャンマーの民族問題の解決、国内和平の実現は新政府が発足したとはいえ、かなりの時間がかかるものと思われる。

メンバーの多くが難民認定申請者という団体がいま活発な活動を展開している。２００８年に結成された「在日ビルマ難民たすけあいの会　ＢＲＳＡ＝Burma's Refugee Serving Association in Japan」である。ＢＲＳＡはおもに難民認定者、難民認定申請中の人たち、入国管理局に収容されている人たちを対象に支援活動をつづけている。２００人ほどの会員がおり、大半は在日ミャンマー人である。この団体は生活相談や医療費の支援なども行っている。

新しい課題も出てきている。技能実習生の問題である。近年ビルマから主に縫製工場などで働くために来日する人が増えている。地方出身の若い女性が多い。多くはビルマで「日本へ行けるよ。いい働き口があるよ」と誘うブローカーの話に乗ってやってきた人が多い。ブローカーには斡旋料ともいうべきお金を支払っての来日である。日本で働きはじめた人たちの多くは、契約の時に言われた話とは違う待遇への不満が増大している。寮費や食費を引かれてしまって減ってしまう賃金、きちんと支払われない超過勤務手当、寮・食事など待遇の悪さなど我慢できないほどの労働条件の劣悪さがまずある。加えて、経営者がパスポートや在留カードをとりあげるばかりか、携帯電話まで取り上げて使わせない、外部との連絡をさせないといった問題が起こっている。その結果、地方都市にある工場を脱走し、ビルマ人が多く住む東京へ逃れてくる技能実習生が後をたたない。なかには国へ帰れば、契約違反だとして訴追される、借金を返せないのでひどい目にあうといった理由から難民認定を申請する実習生すら出てきている。ＦＷＵＢＣは、東京へ逃れてきたこれら技能実習生を組合員として迎え入れ、その待遇改善のために弁護士や日本の労働組合の協力を得てシンポジウムを開催（２０１６年

3月27日）するなど事態を改善するための努力をしている。

なお法務省入国管理局が発表する統計では、難民として認定された人は「定住者」の範疇に分類され、在留が認められている期間中に難民認定を申請した人たちは「特定活動」の資格が与えられる。また人道上の配慮から在留を認められた人たちははじめ、一年間この「特定活動」が与えられ、その後何回かの更新を経て「定住者」となる。近年の趨勢を知るために在日外国人統計から2015年末の数字と軍事政権時代末期の2010年のそれ（カッコ内）を示した。2015年末の在日ビルマ（ミャンマー）人総数は1万3737（8578）人である。「特定活動」は1431（1700）人、「定住者」は2365（1116）人である。滞在が認められている期間内に難民認定を申請すれば「特定活動」のビザが認められる。「特定活動」の人数が2010年に比べて2015年の方が多いことから難民認定申請者が現在も相当数いることが読み取れる。

日本の企業などで正規の社員として働くことが可能な「技術・人文知識・国際業務」のビザを持っている人たちは1422（431）人となっている。また「留学生」ビザを取得して日本の学校で学ぶ人も年々増加し、現在は3473（1684）人におよぶ。先に問題を指摘した「技能実習生」ビザで日本に滞在しているビルマ人も急増しており1978（約150）人である。たしかに今なお難民認定申請者が数多くいる。とはいえ、在日ビルマ人社会では難民認定あるいは人道配慮から在留資格を与えられた人たちが定住者、あるいは永住者として日本社会のなかで比較的安定した生活を営めるようになりつつある。さらに軍事政権時代には少なかった留学生や日本の企業で正規の社員として働くビルマ人たちも増えている。両国間の交流は正常な形に近づきつつあるのだろうか。

4 社会福祉活動に向かう

２０１６年５月、日本ではゴールデン・ウィークにあたる時期にチョートゥー（Kyaw Thu　１９５９年ヤンゴン生まれ）が来日した。在日ビルマ人の知己の招待を受けての私的な訪問だという。５月１日、池袋の区民施設で開かれた彼の講演会には午前中の早い時間帯であったにもかかわらず、およそ２５０人もの在日ビルマ人が集まった。それもそのはず、彼はビルマでは「アウンサンスーチーに次いで国民に知られ、愛され、尊敬されている」と言う人もいるほどの著名人である。もともと有名な俳優であり、映画監督であり、プロデューサーでもある。すぐれた俳優として、監督としてビルマ映画界の最高の賞であるアカデミー賞を何度も受賞している。彼が国民大衆に愛される理由はすぐれた映画人であるというだけではない。いまビルマで最も著名な社会活動家・慈善家として尊敬され、親しまれているのである。社会活動家としての国際的な評価も高く、２０１５年にはマグサイサイ賞を受賞している。

彼の社会活動は、知人に頼まれたため、自ら車を運転して亡くなった人の遺体を火葬場へ運ぶことからはじまったという。[6] ２００１年１月、チョートゥーは、貧しいために親族の葬式も出せないという貧しい人たちのために費用一切を負担して葬儀を代行する団体を立ち上げた。団体名は「ナーイエー（葬儀）クーニーフム（支援）アティン（協会）」、英語名はＦＦＳＳ（Free Funeral Service Society-Yangon）である。２００１年１月から２０１２年10月までのあいだにＦＦＳＳが代行した葬儀の数は少なくとも12万件にのぼり、現在も毎日40件におよぶ葬儀を代行しているという。ＦＦＳＳはいま葬儀の代行にとどまらず、国民大衆のニーズに応えて医療、教育、飲料水の確保といった分野にまで活動を広げているとチョートゥーは語った。[7]

「……ＦＦＳＳの活動を通じて気がついたことがある。亡くなる人の数がたいへん多い。そのなかには、もし早期に適切な医療を受けていれば死ぬことはなかったと思える人が何人もいると感じた。経済的な理由、病院や診療所が近くにないなどの理由で医療機関の診療を受けられない人がたくさんいる。だから私たちは、内科、外科、眼科、歯科などそれぞれ専門分野を持つ医師たちの協力を得て開設した無料診療所をさらに拡充し、貧しい人へのより充実した医療サービスを実施している。

また、教育をきちんと受けていない、あるいは受けられないために、病気や保健衛生について無知な人も多い。そういう事情を知った私たちは、誰もが無料で学べるような学校を作り、運営してゆくこともやっている。孤児院などの施設への支援も続けている。さらに保健面では不衛生な生水や汚れた水のせいで体をこわしたり、病気になる人が多い。伝染病が蔓延する危険もある。それを防ぐには清潔な飲料水を確保しなければならない。私たちの協会では水に苦労している村々に深い井戸を掘り、ポンプで飲料水をくみ上げて供給できるようにする活動を行っている。２０１０年から２０１５年までのあいだに、こうした井戸を１３３ヵ所に設置した。

ビルマでは２００８年のサイクロン・ナルギスの襲来をはじめ、ここ数年洪水や土砂崩れなどの災害が多発している。被害者へのすばやい対応・救援が大事だ。私たちの協会はビルマ各地の団体と連絡をとり、困っている人々のところまで支援が行き届くように連携しながら活動している……」

チョートゥーの活動は私財を投じて葬儀を代行するという仏教徒らしい慈善・福祉（パラヒタ）活動から始まった。根底には、困っている人を助けることで「善行」をなし、現世で「功徳」を積めば、来世では「いい世界（ビルマ仏教の教えでは来世は天界から地獄まで31の段階があるとされる）」へ行けるという上座仏教の考え方があったのだろう。しかし彼は葬儀代行の活動を通じて、国の現状、人々のかかえている問題を知り、仏教徒としての「積善行為」の枠を超えてさらに多くの団体や個人とつながり、力を合わせての社会福祉活動へと輪を広げていった。いまＦＦＳＳを原点とする社会活動はビルマ全国に散在する組織をつなぐチョートゥー・パラヒタ・クンイェッ・アプエ（直訳するとチョートゥー・慈善〔福祉〕ネットワーク・グループ、英語名Kyaw Thu Humanitarian Network Group）を中心に各分野で全国的な規模で展開されている。

チョートゥーはまた軍事政権の支配をよしとしない人物である。２００７年、軍事政権による燃料費値上げへの抗議をきっかけに、僧侶たちが反政府の声をあげ、デモ行動を展開した。のちにサフラン革命と呼ばれる抗議行動である。この時、チョートゥーはデモに加わった僧侶らに食事をさしあげるなど支援活動をしたのをとがめられ、２０１２年に至るまで長期にわたって映画界での活動を一切禁じられた。この例からわかるようにチョートゥーは国民の置かれている状況と気持ちをよく理解している。国民大衆もまたそんなチョートゥーをよく知り、信頼を寄せている。

大がかりな宣伝はなかったにもかかわらず、日本でのチョートゥーの講演会にはインターネットや口コミを通じて知った200人を超えるビルマ人が集まった。有名人の顔見たさにやってきた人たちもいるかもしれない。しかし日本でも、ビルマでもパソコン、スマホなどIT機器の普及は急激に進んでいる。いま在日ビルマ人は母国の動きを瞬時にして知ることができる。チョートゥーの活動についても、ほとんどの在日ビルマ人が知っている。関心を持ち、評価もしている。また、これまでの民主化行動から教育・福祉など社会活動へ重点を移そうとしている在日ビルマ人は少なくない。チョートゥーの活動はお手本として学ぶべきものであり、これからの在日ビルマ人社会にとっても必要とされるものである。

5　在日ビルマ人はいま

在日ビルマ人社会の動きは相変わらず活発である。国軍の権力基盤を保障するなど民主的とは言い難い現行2008年憲法の改正を要求する行動や、内戦状況がつづくカチン州などの状況をふまえて、国内和平の実現を訴えるなど政治性を持つイベントも少なくない。しかし一方で、NLD政権が誕生したいま、在日ビルマ人たちの関心は母国の民主化への関心は持ち続けつつ、この日本の社会の中で生きて行くため何が必要なのか、といった方向に向きつつある。

東京・板橋区の東武線中板橋駅に近い住宅街に小さな、なんの変哲もない三階建の古いビルがある。

これが通称「ビルマ僧院」である。正式名称は「テーラワーダ（上座仏教）パリヤッティ（教学・経典研究）チャウンドージー（僧院）」という。上座仏教の寺院であり、僧院でもあり、教学道場でもある。ビルマ僧が常住している。在日ビルマ人仏教徒にとっては「仏の教えを再認識する場所」であり「気持ちの安らぐ場所」でもある。

日本に住むビルマ人が増え始めたのは1990年代のこと。ビルマ人仏教徒の日常生活は上座仏教と切り離すことはできない。ほとんどのビルマ人は敬虔な上座仏教徒である。僧院がなく、僧侶もいないなかでの生活は考えられない。まず当時ビルマ人が数多く住んでいた西武線中井駅近くのマンションの一室を確保して、本国から僧侶をお招きしてそこを僧院代わりに訪れるようになった。のちにはその「仮僧院」はJR池袋駅近くのマンションに移った。在日ビルマ人たちはそれでも満足しなかった。楽ではない生活のなかから金を出し合い、海外にまで寄付をよびかけて三千数百万円を集めた。そして板橋のビルを買い、2009年に念願の「ビルマ僧院」を実現をしたのである。

「ビルマ僧院」にはビルマ人の出入りが絶えない。家族の誕生日や結婚記念日、それに両親の年忌にあたる日などには家族や親しい人たちがやってくる。彼らは家で調理してきた料理を1階にある食堂に並べ、3階に住む僧侶をおよびして食べていただく（スンジュエ）。そして2階の本堂（仏間）で僧侶の法話に熱心に耳を傾ける。苦労の多い在日ビルマ人にとって心の安らぎを得る時間である。

いうまでもなくビルマは多民族・多宗教国家である。日本にはビルマ国籍のカチン、チン、カレンなどの先住民族がそれぞれ数百人規模で住んでいる。この人たちの大多数はキリスト教徒である。ほとんどがバプティスト、ついでカソリックである。彼ら、彼女らもまた日曜日には、都内にある教会に、民族ごとに、宗派ごとにそれぞれの教会に礼拝のために集まる。礼拝は本来信仰を深めるためのものであるが、日本で暮らす同胞として、ニュースを交換し、つながりを深める機会でもある。同様にイスラム教徒の人たちもまた、バリー（モスク。礼拝所）を確保して、金曜日には礼拝を行っている。

毎週末、「ビルマ僧院」に子どもたちが姿を見せる。日本で生まれ、日本で育ち、保育園、幼稚園、小学校と日本の学校に通う在日ビルマ人の子どもたちである。両親は仏教徒ビルマ人であり、もちろんビルマ語をしゃべる。子どもたちは少しはビルマ語を理解するが、親たちが大事にしているビルマの上座仏教についてはなにも知らない。そこで、日本に住んでいてもビルマ人らしく育ってほしいと願う両親は子どもたちを僧院にやり、僧侶からビルマ仏教の手ほどきをしてもらい、あわせてビルマ語の上達も願っているのである。

親は日本語がよくできない。レストランや清掃会社で働きながら在留資格取得のために苦労を重ねた人たちには日本語を学ぶ機会も、時間もなかった。一方、子どもたちの方はビルマ語を耳にしていても読み書きは覚束ない。子どもが成長するにつれ、親子のあいだの意思疎通が難しくなる。そうした状況の改善をめざしているビルマ人の団体もある。

２０１２年に発足したＮＰＯ法人「ピース（ＰＥＡＣＥ）」は在日のカチン民族などビルマ先住諸民族の活動家たちが国会議員やＮＰＯ法人など日本側の協力を得て結成した団体で、母国の少数民族居住地域での和平実現、人々の生活支援を目標に活動を展開している。さらに文化庁や日本財団の補助を受け、ビルマ人成人のための日本語教育とビルマ人の子どもに向けたビルマ語教育を実施している。毎週末に開かれるこの講習には在日ビルマ人の大人と子どもあわせて８０人ほどが学んでいるとのこと。このほかアジア福祉教育財団難民事業本部(RHQ)が難民認定者などに日本語講習を行っているほか、高田馬場周辺では在日ビルマ人の有志が、ボランティアベースで成人向けの日本語講座、子ども向けのビルマ語講座が実施している例もある。

民主化運動一本やりの活動から教育や医療、生活面での相互扶助などに重点を置くような活動に取り組んで行こうという動きが在日ミャンマー人社会で始まっている。2015年末から母国民主化をめざして日本で活動をつづけてきたLDB(ビルマ民主化同盟)、BDA(ビルマ民主化行動グループ)、AUN(在日ビルマ少数民族協議会)などの活動家たちが集まり、新しい団体「ミャンマー・ナインガンダーミャー・アティン(ジャパン)Burmese Association, Japan」(仮称)の設立をめざして話し合いをつづけている。

2016年5月20日、ある在日ビルマ人男性Kが亡くなった。[8] ビルマ人の友人宅を訪れた時に心臓発作を起こして倒れ、そのまま亡くなった。1988年民主化運動にはヤンゴンの高校生として参加したというからまだ50歳にもなっていなかっただろう。1990年代に来日、難民としては認定されなかったが、在留特別許可を取得して、蕎麦屋や居酒屋で働いていた。日本でも反軍事政権の活動に参加した。Kの加わった団体は10人ほどの学生運動仲間で結成したDBSO(Democratic Burmese Students' Organization 民主ビルマ学生同盟)だった。ほかの団体とも共同で行動することはあったが、大多数の活動家からDBSOは、仲間ではあるがいささか「過激な」変わり者の集団とみなされていた。夜、自転車の二人乗りが警官に見とがめられ、当時オーバーステイ(超過滞在者)だったKは警察署に留置されたこともあった。

Kは乱暴なふるまいや遠慮会釈のない物言いのせいで嫌われることはあったが、人懐っこいところがあり、憎めない男でもあった。日本語に興味を持ち、自己流の勉強をしていた。どういうわけか「森」「品」「贔」「磊」など同じ漢字三つを組み合わせた漢字に興味を持ち、やたら質問をしては日本人を困らせたりもした。高校生で来日し、いきなり居酒屋の調理場などでの慣れない仕事をしなければならなかった。ストレスが溜まっただろう。そのせいかも知れない。来日してから酒を飲むようになった。飲みなれていない酒である。耐性がないし、ついつい飲み過ごしてしまう。やがてアルコール依存症になり、すっかり体を壊してしまった。ここ数年は病院通いがつづき、働くこともできず、日本にいる親族の家に身を寄せていた。2016年4月、東京の日比谷公園で開催された「水祭り」にKは姿を見せた。その老けこんだような姿、立ち居振る舞いは多くの人たちの同情をさそった。

残念な死であっただろう。母が待っているというヤンゴンへ帰りたかっただろう。ほんとうに民主化された祖国を見たかっただろう。いま晴れて母国へ帰国する人たちがいる一方で、貴重な青春の日々を日本で暮らし、苦労のあげく、いい思いもしないで、人生の終焉を迎える人もいる。時代といえばそれまで。不運といえばそれまで。厳しい現実である。

Kの葬儀は新宿区落合の葬祭場で行われた。20人ほどの友人たちが参列したという。葬儀を取り仕切ったのは「葬儀支援奉仕会（セーダナー・ナーイエー・クーニーフム・アティン Setana Funeral Supporting Association）」。「セーダナー」は、「誠意をこめて奉仕する」といった意味合いである。その名のとおり、在日ビルマ人から寄金をつのり、日本で亡くなったビルマ人同胞の葬儀に力を貸そうという組織である。母国で活動を広げているチョートゥー（Kyaw Thu）の「ナーイエー（葬儀）クーニーフム（支援）アティン（協会）ＦＦＳＳ（Free Funeral Service Society-Yangon）」にならって２０１５年に東京に誕生したボランティア・グループであった。

ＮＬＤ政権が改革に取り組み、社会が安定すれば、在日ビルマ人の多くが、とくに軍事政権時代に母国を後にし、日本へやってきて苦労を重ねた人たちが帰国を現実の課題として検討することは間違いない。しかし、少なくとも当分のあいだは日本に残ることを選択するビルマ人も少なからずいると考えられる。発展途上の母国で安定した収入を得られるような仕事があるかどうか不安視する人がいる。また、日本で生まれ、日本で教育を受けてきた子弟のいるビルマ人家族は子どもの教育環境を優先して残る可能性が強い。いま在日ミャンマー人社会の動きが民主化闘争から社会的な活動へと重点を移しつつあるのは、そうした状況を反映したものといえる。

［注］

1　日本で活動するビルマ人団体・組織については、拙稿「ビルマ人ディアスポラはいま」駒井洋監修／首藤もと子編（２０１０）『東南・南アジアのディアスポラ』明石書店　参照。
2　『エラワン』については、田辺寿夫、根本敬（２００３）『ビルマ軍事政権とアウンサンスーチー』角川書店　参照。
3　根本敬、田辺寿夫（２０１２）『アウンサンスーチー　変化するビルマの現状と課題』角川書店。
4　田辺寿夫（シュエバ）「在日外国人労働者はいま～ＦＷＵＢＣ総会に出席して」『日刊ベリタ』電子版、２００７年４月21日配信。

5　以下、在日ビルマ人の数、滞在資格、難民申請、難民認定者などの数字は各年次の入国管理局の統計による。
6　『asia club』2005 June.
7　2016年5月3日、筆者とのインタビューから。
8　Kについては、前出『ビルマ軍事政権とアウンサンスーチー』、田辺寿夫（2008）『負けるな！在日ビルマ人』梨の木舎　などを参照。

コラム6

がんばろうぜ！　シュエバ

２０１６年２月、20数年ぶりに訪れたヤンゴンでMさんと会う機会があった。国際的な賞を受賞したこともある著名なジャーナリストである。名前は知っていたが初対面とあって私はいくらか緊張していた。ところがMさんはいきなり、親しげな口調で「やあ、ウー・シュエバ（Shwe Ba）、元気ですか？」と話しかけられた。あれっ、どこかで会ったことがあるのだろうかと思いながら「お会いするのははじめてだと思うんですが」と私は返事した。Mさんは「ああ、そうだった」という感じでにっこりして、「たしかにお会いするのははじめてですね。でも声は何度も聴いていましたから、昔からの知り合いのような気がするんですよ」と話された。

ＢＢＣ、ＶＯＡ、ＲＦＡ、ＤＶＢなど海外からのビルマ語短波放送から流れるシュエバの声を「牢獄」の中で何度も聴いたという。Mさんは反軍事政権の論陣を張ったため、２００２年から10年近く獄中にあった。その間にこっそりと差し入れられた短波ラジオを隠れて聴いていたのだ。たしかに私は外国放送局からのインタビューには何度も答えた。例えば２００７年９月にヤンゴン街頭でビデオ・ジャーナリスト長井健司氏がビルマ軍兵士によって射殺されたときにＢＢＣビルマ語放送から受けたインタビューなどはいまも記憶に残っている。

シュエバは私のビルマ名である。シュエは「金」、バは「父」、「黄金の父」という晴れがましい名前である。１９６６年にＮＨＫに入り、ビルマ向けのビルマ語番組の制作に携わるようになった時期に、当時翻訳やアナウンスをしていたビルマ人アナウンサーや留学生たちがつけてくれた名前である。名前をもらった時には知らなかったが、シュエバは１９５０～60年代のビルマ映画界の大スターである。その時代の人なら誰でも知っている。だから私の名前は一度聞けばすぐに覚えてもらえる。

1970年から71年にかけてヤンゴン大学（当時はヤンゴン文理科大学）に留学する機会があった。その時、シュエバがたいへんな名前であると思い知らされた。なにしろ教授も学生たちも瞬時にして「シュエバ」の名を覚え、にこにこ顔で面白いやつが日本からやってきたとばかりに迎えてくれた。私はそこでようやく1950～60年代にシュエバという人気映画俳優がいたということを知ったのだった。もうそのころは都会ではシュエバの映画が上映されることはなかった。しかし、彼の全盛時の逸話は残っていて誰もが知っていた。

シュエバが演じるのは金も力もない庶民である。しかし正義漢である。悪辣な役人や金持ちと対峙する人々の側に立って、権力・財力・暴力に徒手空拳で挑む。どの映画でも出だしの部分ではシュエバは悪人や権力者にさんざんいじめられる。シュエバ贔屓の観客は居てもたってもいられない。「こらーっ、シュエバをいじめるな！」と叫びながらスクリーンめがけて石を投げる人もいる。そこで場内アナウンスが流れる。「みなさんお静まりください。シュエバは最後には必ず勝ちます。しばらくご辛抱ください」。

1990年代になると、1988年民主化闘争を経験したビルマの若者たちがたくさん日本へやってくるようになった。そのなかには日本政府に難民認定を申請するビルマ人もいた。しかし、パスポートやビザの問題で入国管理局の収容所に入れられる人は少なくなかった。そんな人たちのために私は弁護士を手伝って通訳に励んだ。シュエバが困っている人を助けるのは当然である。彼ら、彼女らの軍事政権反対デモや集会にもできる限り参加した。ビルマ語で激励演説をぶったりもした。外国の放送局からのインタビューにも答えた。それがMさんや民主化陣営の人たちの耳にも届いたのだろう。

在日ビルマ人とのつきあいが増えるにつれ、日本のシュエバは「有名」になっていった。今では「シュエバ」が独り歩きをし、日本名「タナベ」を知るビルマ人は少ない。なかにはシュエバは長く日本に住んでいるビルマ人だとか、父親もしくは母親がビルマ人だというふうに思いこんでいる人もいる。それはともかく、これからも正義の味方「シュエバ」の名声を汚さないように頑張ろうと思っている。年齢もすでに70を超えた。「黄金」かどうかはともかく十分に多くの在日ビルマ人にとっての「父」の齢になっているのだから。

（シュエバ／田辺　寿夫）

コラム7 ミンコーナインのこと

名前の「威力」

ミンコーナイン（Min Ko Naing 1962年生まれ）はいま目立った政治活動はしていない。しかしその知名度は高い。国際的にも名を知られている。なにしろミャンマー民主化の原点ともいえる1988年民主化闘争の主役である。学生運動指導者としての当時の彼の活躍ぶりは本書第2章に描かれているとおりである。ミンコーナインたちが政治の舞台に引っ張り上げたアウンサンスーチーがいまや新政権を率いている。そのアウンサンスーチーはすでに70歳を超えている。次世代を担う指導者として、ミンコーナインに期待を寄せる人は多い。

彼の人気の一因はミンコーナインという名前にあるとされる。ミンコーナインはペンネームあるいは活動者名ともいうべき名前であり、本名はポーウートゥン（Paw Oo Tun）である。1988年当時、ネーウィン率いる軍部独裁体制に挑む学生運動のリーダーがミンコーナインという名であることを知った民衆は大いに共感を抱き、声援をおくった。ミンコーナインがリーダーとして率いる学生たちの活動に期待を寄せる人の波がたちまちのうちに広がった。人々は彼の3音節の名前をミン（王）コー（〜を。〜に）ナイン（勝つ）と読みとった。

1962年3月、軍事クーデターによって政権を奪取し、それ以後26年間にわたってあたかも専制君主のごとく一党支配・軍部主導の独裁政治をつづけ、国民を苦しめているネーウィン（Ne Win）はまさに悪しき「王」であると民衆はとらえていた。ミンコーナインは「ネーウィンを倒そうとしている若者」として人気者になったのである。ネーウィンを倒し、軍人支配を終焉に追い込むのは多くの民衆のおもいでもあった。「8888」を頂点とした民主化運動の盛り上がりは、世界中の関心を集め、彼の名前は日本でも有名になった。英語メディアでは「ミンコーナイン」は「conqueror of kings」と英訳され、ヒーローあつかいされた。

民主化運動を象徴するようなこの名前については異説がある。「王（独裁者）を倒す」を名乗る若者がその名の通りの状況に遭遇したのは歴史の偶然だというのである。ミンコーナインはミャンマー南部モン州ムドンの生まれ、両親はともにミャンマーの少数民族のひとつであるモン民族である。ミャンマー民族の男性の名前の前につく冠称は年齢、社会的地位、相手との相対的な関係によって変化する。ごく一般的な例を挙げよう。タン（Thant）という男性がいたとしよう。幼いころは両親やまわりの人たちからマウン・タン（Maung Thant）と呼ばれる。学生の頃にはコー・タン（Ko Thant）と呼ばれるようになる。やがてたとえば大学を卒業し、就職するなどして「一人前」の大人あつかいされるようになるとウー・タン（U Thant）になる。（ちなみにこの説明は日本ではウタントと表記された元国連事務総長U Thantを例にとったものである）。モン民族の場合はどのような冠称をつけるのだろう。マウンにあたるのはミン（Min）、コーにあたるものはないとされる。ウーはナイン（Naing。Naiとも綴る）となる。だからモン民族であるポーウートゥンはビルマ民族が使うコーを挟んでモン民族固有のミンとナインを並べてペンネームにしたのだというのが消息通の説明である。どちらが正解なのか、本人に直接訊けばいいのだが、会うと他の話題が弾んでしまって、いまだにたしかめていない。

文人肌の活動家

2014年11月、ミンコーナインがはじめて来日した。大阪や東京では彼の講演会が開かれた。東京で開かれたミャンマーにかかわる日本のNGO活動家たちとの懇談会に通訳として参加する機会を得た。懇談会の冒頭、「シュエバです」と挨拶すると彼は破顔一笑「いい名前だね。ミャンマー人なら誰でも知っているよ」と応じ、いっぺんに打ち解けた雰囲気になった。何回も投獄され、ミャンマー各地の刑務所であわせて20年におよぶ獄中生活を耐え抜いた男である。暗い、話しかけづらい人物かと思っていたが、そうではなかった。明るく、冗談好きである。しかし、講演会でも懇談会でも彼は政治については多くを語らなかった。むしろ、現実の政治にかかわる気持ちがない、それよりもミャンマー社会全体の底上げに力を尽くしたいと強調した。

別れ際に2015年版のカレンダーを手渡してくれた。曰く「僕は絵が好きなんだ。これは自分で書いた絵だよ。部屋にかけてくれよ」。それぞれの季節のミャンマーの風景を背景に、民衆の姿が描かれたカラフルな絵が6枚、二か月ごとに仕分けされたカレンダーだった。詩を書く、小説も書く、そして絵やイラストにも手を染める。芸術家を自認するミンコーナインであった。

2016年2月、ミンコーナインに再会した。場所はヤンゴン市内ティンガンジュン区にある88世代学生グループの事務所である。このグループの正式名称は「The 88 Generation Peace and Open Society」という。その名のとおり、ミンコーナインとともに1988年民主化闘争をたたかった学生たちを中心とする団体である。この世代の人たちはミンコーナイン同様50歳を超える年齢に達している。しかし事務所にはまだ20歳代の学生とおもえるような若者たちも出入りしていた。平和な、オープンな社会をめざしたミンコーナインたちのジェネレーションの運動はあとにつづく世代にも受け継がれている。

ここでもミンコーナインは芸術家ぶりを発揮した。おそらく会議室でもあるのだろう、自分のデスクの置かれた部屋の壁に掛けられた数枚の絵を指さして、みんな自分の描いた絵だと誇らしげに話した。「正直にいうと、僕は政治活動より絵を描いたり、小説を執筆したりしたいんだ」と話す。たまたまその時期に大統領に決まったティンチョー（U Htin Kyaw）の父親ウー・ウン（U Wun。ペンネーム Min Thu Wun）が、大阪外国語大学ビルマ語学科で客員教授をつとめたことのある著名な詩人・国語学者であり、日本の俳句にも造詣が深く、ミャンマーに俳句を紹介した人物だったという話になった。

「ぼくも俳句に惹かれるんだ。どんな俳句があるのかもっと知りたい。英語で書かれた俳句の本があれば読みたいな」とミンコーナインは目を輝かせて話した。

別れ際、今度は本を一冊プレゼントしてくれた。高校時代に書いた小説で、今からすると稚拙なところはあるが、自分にとっての記念碑的な作品として、あえて手を加えずに数年前に出版したのだという。

平和で、オープンな社会を実現しよう！

小説や俳句、絵のことになるとミンコーナインの口は滑らかになる。しかし、それはあくまで趣味の世界、自分自身の願望としてのものと自分を納得させているようだ。彼と会った日にも本来の活動の話も出た。シャン州から戻ってきたばかりだという。シャン州の一部で住民たちが政府に不満をつのらせている事態が生じており、自ら足を伸ばして現地の人々と話し合ってきたのだとのこと。これから詳しく事態を分析し、解決策を考え、各方面に働きかけると、これはやや硬い表情で話してくれた。

ミャンマー新政権の課題は軍部の優位を認めた現行2008年憲法の改正であり、いまもカチン州などで内戦状況がつづく事態に終止符を打ち、国民和解を実現することである。ミンコーナインもそれを肯定している。しかし、自分自身は国会議員や政治家になるつもりはないという。

多くの国民が、とくに次代をになう若者たちが、しっかり学び、知識・教養や判断力を身につけ、平和でオープンな社会の実現のために、自分になにができるかということを探り当て、仲間たちと協力しながら活動してゆくことがなによりも大事であり、必要である、そんな環境を作って行きたいとミンコーナインは考えている。

アウンサンスーチーや与党NLDと対立するつもりはない。しかし彼らが作ろうとしている平和な民主国家は、多くの民衆が下支えしなければ実現は難しい。自分と88世代学生グループは、そうした下支えできる民衆が増えるように、各地に足を運んで人々との対話を精力的に行い、人々の意見を訊き出し、その解決をはかるために関係当局との交渉をして行くのが自分たちに課された使命であるとミンコーナインは話を締めくくった。

（シュエバ／田辺　寿夫）

第7章
「アジア最後のフロンティア」論を超えて

永井　浩（神田外語大学名誉教授、ジャーナリスト）

1　国際社会のなかのビルマ民主化問題

２０１１年の民政移管にともなって、ビルマ（ミャンマー）の国際的なイメージは「軍事政権対アウンサンスーチー」から「アジア最後のフロンティア」へとおおきく変わった。それまで政治、経済面で対外的に孤立しがちだった国の門戸が世界にむかって広く開放され、諸外国政府との関係改善が進み、企業は国連によって最貧国のひとつと位置づけられてきた東南アジアの国の市場への参入を競いあうようになった。キーワードは人権、民主化から経済発展に移ったかのようである。日本のメディアでは、経済大国日本が果たすべき役割や、この地域における米中両超大国の覇権争いのなかでの新生ビルマの動向が関心の的となっている。民主化運動の指導者であるアウンサンスーチーが率いる文民政権が２０１６年３月末に発足した今後も、基本的にはこのような枠組みでビルマは注目されていくであろう。

もちろん、そうした見方じたいは間違っていない。半世紀におよぶ軍人支配に苦しんできたビルマ国民は、経済が順調に発展し、平和で民主的な国づくりがさらに前進することを切望している。そのために、日本がどのような貢献をできるかを考えることは大切であり、とくにその経済的な協力はビルマの人びとからも期待されている。しかし、貢献「する側」の一方的な思惑だけが先行し、「される側」へのただしい理解を欠いていては、ビルマの人びとが求める幸せと発展をもたらすことはできないのではないだろうか。それはビルマにかぎらず、すべての国との関係について言えることであるが、ここでは東南アジアのちいさな国が、なぜ世界的な注目を集めてきたのかを再確認しながら、新生ビルマへの私たちの向きあい方を考えてみたい。

ビルマの動きが世界のメディアで国際的な大ニュースとして報じられるようになったのは、1988年の民主化運動の高揚とそれに対する軍の血の弾圧によってである。それまでこの軍事独裁国家は、ネーウィン政権が独自のビルマ式社会主義の旗印のもとで事実上の鎖国政策をとりジャーナリストの入国もきびしく制限していたこともあり、その実像はほとんど国外に知られることがなかった。国際社会の関心も薄く、いわば忘れられた存在だった。だが、1988年以降も、民主化運動を封じこめてクーデターによって権力の座についた軍事政権に対する国民の抵抗はやむことはなく、きびしい情報規制にもかかわらず、アウンサンスーチーの不屈のたたかいとともに世界のメディアで報じられつづけていく。そして彼女の率いる民主化勢力と軍政の攻防は一国の問題にとどまらず、欧米やアジアの各国政府、企業、市民団体にそれぞれの対応をせまる国際的な問題へと発展していった。ビルマは忘れられた謎の国から、人権、民主化をめぐる最も熱い論争の最前線国家として脚光を浴びることになった。

ビルマの民主化問題はこの国のさまざまな矛盾が噴出したものだが、当時の世界的な潮流と無関係ではなかった。アジア各国で、ビルマの1988年の激動と相前後して民主化要求運動がおおきなうねりとなっていた。フィリピンでは1986年、マルコス独裁政権が「ピープルパワー」によって打倒され、民主化をめざすアキノ政権が誕生した。韓国では1987年、盧泰愚大統領が大統領直接選挙制の導入と金大中ら反体制政治家の赦免・復権をみとめる民主化宣言を発表、長年にわたる権威主義体制から民主主義への移行が開始された。中国でも1989年、学生、市民らが共産党の一党独裁と腐敗に抗議し民主化を求める行動に立ちあがったが、北京の天安門広場に結集した彼らを人民解放軍が蹴散らす天安門事件が起きた。アジアからは遠い東欧では、1989年のポーランドにおける自主労組「連帯」の自由選挙での勝利を起爆剤に、ハンガリー、チェコ、ルーマニアで民衆による社会主義独裁政権打倒が進んでいく。この民主革命のクライマックスが「ベルリンの壁」の崩壊であり、これをうけて米ソは1989年11月の首脳会談で「冷戦の終結」を宣言する。さらに1991年末には、冷戦時代に世界の覇権を米国と競ってきたソ連が崩壊する。

冷戦の終結とソ連・東欧共産主義体制の崩壊を、米国は「西側の勝利」と位置づけた。政治的には、ソ連全体主義に対する欧米自由主義の優位が証明されたとして、民主主義、人権の普遍性が強調されるようになる。ホワイトハウスは「人権外交」を展開し、冷戦下ではソ連への対抗上支援してきたアフリカなどの独裁国家に対して民主化を進めなければ経済協力を打ち切ると迫るようになる。西側諸国は天安門事件をきびしく非難して中国への経済制裁を発動した。経済面では社会主義の敗北にもとづいて市場経済のグローバル化が急ピッチで進められ、米国型資本主義がグローバルスタンダードとなった。旧ソ連、東欧、中国、ベトナムなどの社会主義国の市場経済への移行が進み、経済成長が各国の最優先目標とされていく。こうして政治、経済とそれを支える圧倒的軍事力によって唯一の超大国となった米国は、西側先進国の日本にも市場開放の要求を強めるとともに、東南アジアの国々に人権の尊重を求めるようになる。だが、アジアの一部の国々はこれに強く反発し、それが国際舞台での人権論争として展開される。

1993年にウィーンで開かれた国連世界人権会議で、人権の普遍性を強調する欧米先進国に対して、アジアなどの途上国は欧米的価値観の一方的な押しつけと反発し、マレーシアやシンガポール、中国は「アジア的価値観」を主張して欧米の人権政策を批判した。これらの国々は人権の普遍性は尊重するが、その実現の道は多様であるべきであり、欧米はアジア独自の歴史、政治、経済、文化的背景を無視しているとし、アジアにはアジア独自の発展の道があると主張した。アジアなどの途上国と欧米の対立点は、人権をどのようにとらえるかであった。アジアの代表は、1966年に国連総会で採択された国連人権規約は、経済的、社会的、文化的権利に関するA規約（社会の発展権）と、市民的及び政治的権利に関するB規約（個人の政治的自由）のふたつから成り立っていると指摘し、それにもかかわらず欧米先進国が市民の政治的自由だけを人権とみなそうとしているのはおかしいと主張した。人権はその全側面のバランスがとれたかたちで実現されるべきであり、社会と個人の全体的な発展が「アジア的人権」とされる。冷戦時代はアジアをふくめた反共国家の独裁体制を支援しておきながら、ソ連というライバルの消滅にともなって一転して独裁政権の人権政策を批判するのは、かつての軍事的支配にかわる道徳的優位を武器とした内政干渉ではないかとの懸念もしめされた。中国はそれを「和平演変」論とよんだ。

しかし、アジア的価値観に対してはアジアの内部からも批判がなされた。これは、経済開発を最優先課題として人権、民主化は二の次とするこれまでの開発独裁体制を正当化しようとする一部指導者の考えにすぎないというものである。げんに、既成のモデルの矛盾は人権、民主化にかぎらず環境破壊、貧富の格差、ジェンダー、少数民族などさまざまな面で深刻化し、人びとは政治家、軍人、官僚らエリート主導の開発過程への民衆の参加を要求するようになっていた。政権はこうした国民の声を強権によって圧殺しようとしてきたが、広範な国民が多くの犠牲者を出しながら民主的な変革を求めつづけ、一九八〇年後半の一連の民主化運動の盛り上がりへとつながっていった。この時期に民主化運動が表面化しなかったタイやインドネシア、マレーシアにおいても基本的な構図はおなじである。一九七三年の「学生革命」によって東南アジアの民主化の先陣を切ったタイは、軍部の巻き返しにあい一進一退を繰り返しながら民主化が進んでいた。盤石にみえたスハルト政権下のインドネシアでも広範な国民の不満はしだいに沸点に近づきつつあった。

こうしたうごきは、経済発展にともなう政治アクターの多様化とともに進んできた。政治家、軍人、官僚らの伝統的政治エリートだけでなく、新たに登場してきた新興ビジネスエリート、都市を中心とした新中間層、学生、NGO（非政府組織）、労働者、農民、少数民族などの声を政治の場で無視することはむずかしくなった。なかでもNGOや各種市民団体の活動は各国で活発化し、政府や市場による資源配分の失敗で開発利益から疎外された人びとへの共感と奉仕の精神から、労働者、農民、貧困層の利益のアドボカシー活動をつうじて民衆の政治参加の制度化、つまり民主化を推進していく担い手として注目されるようになった。彼らは開発と人権、民主化、環境、ジェンダーなどの両立する新しい発展のモデルを模索しはじめていた。東欧の民主革命や米国都市部の治安回復活動などを契機に、国家と企業から自律した市民社会の重要性が再認識されるようになり、アジアでも市民社会の担い手とその活動領域について議論が交わされる。さらにグローバル化の進展は国境をこえた地球市民意識の醸成をうながし、人権、民主化は人類の普遍的価値として共有されるにいたった。

ビルマの民主化問題が国際社会でクローズアップされたのは、このような潮流のなかにおいてだった。

2 政府、経済界、市民の対応

軍事政権と民主化勢力の対立点は多岐にわたるが、基本的な争点は開発と民主化のあり方をめぐるものだった。軍政は、ビルマのような途上国にとっては人権、民主化より経済発展が優先課題であると主張し、アジア各国の開発独裁をそのモデルとした。彼らによれば、民主主義、人権は欧米の価値観であり、それをビルマで実現しようとするアウンサンスーチーは西欧の手先として徹底的に敵視された。これに対して、アウンサンスーチーら民主化勢力は民主化なしに健全な経済発展はありえないと反論、ひとにぎりの軍人ではなく幅広い国民の開発過程への参加をもとめた。また、民主主義と人権の尊重は欧米にかぎらない人類の普遍的価値であり、ビルマの仏教倫理にも合致していると説いた。民主化勢力は経済発展のために諸外国から投資や援助は歓迎するものの、軍政下での投資、援助は国民全体の豊かさにはつながらないので慎重であってほしいと国際社会に訴えた。

国際社会の対応も分かれた。欧米の政府は人権外交により経済制裁をビルマに科した。1991年には自宅軟禁中のアウンサンスーチーに、非暴力で民主化を求める姿勢が評価されてノーベル平和賞が授与された。いっぽう東南アジア諸国連合（ASEAN）諸国は、経済制裁はビルマ軍政を国際的孤立に追いやるだけだとして、「建設的関与」政策を打ち出した。ビルマを地域経済に引き入れることによって軍政の軟化をうながすというもので、イソップの童話になぞらえて旅人のマントを脱がすには人権外交という北風より経済的メリットを加味した南風のほうが有効とされた。ビルマへの最大の政府開発援助（ODA）供与国である日本政府は、基本的にASEANの南風路線を支持し、ビルマ軍政の人権、民主化弾圧に対して先進国の中で突出して鈍感だった。たとえば、2003年に地方遊説中のアウンサンスーチーと彼女の率いる国民民主連盟（NLD）の幹部、支持者らが軍政の翼賛団体の暴徒に襲撃されて60人以上が虐殺されるという事件が起きたとき、軍政は国際社会から激しい批判を浴び、米国と欧州連合（EU）はただちに経済制裁を強化した。日本の川口順子外相は「（この事件によってビルマの民主化進展が）悪化しているとはいえない」と言明した。だが日本政府も国際世論を無視できず、1ヵ月後に新規のODA実施の凍結に踏み切った。

だが、欧米でも、経済界は人権よりビジネス優先だった。米国の石油会社ユノカルや清涼飲料水のペプシコーラ、英国系のブリティッシュ・アメリカン・タバコ、オランダのビール会社ハイネケンなどがビルマ進出を図ろうとした。こうしたうごきは、1995年にアウンサンスーチーが6年間におよぶ最初の自宅軟禁を解かれ、軍政があるていどの政治的、経済的自由化政策に転換するのではないかという期待感がたかまったことで加速した。日本の企業もバスに乗り遅れまいとして、首都ヤンゴン（当時）にあいついで支店や駐在員事務所を開設した。丸紅広報部と同社ヤンゴン出張所長の編著で同年ダイヤモンド社からでた『ミャンマーはいま。』は「アジア最後のビジネスフロンティア」がサブタイトル。「いまミャンマーは、アジア最後のビジネスフロンティアとして、世界の脚光を浴びている。日本から派遣される経済ミッションも多く、その数は巨象インドとともに双璧をなしている。

おりしも1997年はミャンマー政府が「国際観光年」とした年。世界の関心はますます高まるであろう」と書かれている。ちなみに、1988年の民主化運動にいたる広範な国民の反政府行動は「暴動」とされる。

NHKテレビは1997年の連続番組『疾走するアジア』で、「開かれた黄金郷〜ミャンマー」を放映した。軍事政権が鎖国的な社会主義から市場経済に転換してからの「知られざる実像にせまる」のがテーマとされ、軍事政権のもとで経済は急速に上向き、高い成長率をつづけているとして、この「黄金郷」にビジネスチャンスをもとめる外国企業のうごきが紹介される。だが、番組に登場するのは華僑グループの総帥、軍事政権のトップ、鉱山王、宝石王、日本人ビジネスマンなど、いずれも軍事政権とその周辺のビジネスエリートたちであって、彼らの口をつうじて軍政の経済再建の成果が讃えられるだけである。経済成長の恩恵に一般市民もあずかっているのだろうかという疑問には番組はこたえてくれない。軍政とアウンサンスーチーの率いる民主化勢力がきびしく対立している点は簡単にふれられ、民主化運動を力づくで抑えこむ軍政は欧米から経済制裁を受けているというナレーションは流れるものの、民主化勢力の軍事政権に対する声は放映されない。

歴史を少しふり返れば、近年日本のメディアなどで流布されている「アジア最後のフロンティア」というビルマの枕詞がけっして真新しいものではないことがわかる。企業にとっては、軍政下であれ民政に移管して民主化がやっと進みはじめた現在であれ、この国は新たなビジネス開拓を待つ辺境であり、あわよくば多大な利潤をうみだす魅力的な黄金郷と位置づけられてきた。政府も経済界も公共放送も、ふつうの人びとの苦悩には無関心であるかのようである。そこに、新生ビルマをめぐる日本

政府軍の攻撃をうけ逃げ惑うビルマ難民キャンプの人びと（作者はタイ国境に逃れてきた17歳の難民。タイのNGO・Burma Issues提供）

の関心のありかたに偏りと危うさがあることをまず確認しておく必要があるだろう。

こうした人権、民主化を置き去りにした先進国や周辺国のビジネス優先のうごきに待ったをかけたのが、欧米やアジアのNGOなどの市民団体である。米国の市民団体はユノカルへの抗議行動を展開し、ペプシ製品の不買を市民に呼びかけた。英国などでもビルマ進出をめざすタバコやビール会社のボイコット運動が起きた。批判の矢面に立たされた企業はいずれもイメージダウンを恐れて進出を断念した。タイでは、民主化運動を弾圧されて逃れてきた活動家たちへの支援や軍事政権の襲撃で国境を越えざるをえなくなった少数民族を中心とした難民への救援に市民が立ち上がった。韓国では、民主化運動の指導者でノーベル平和賞の受賞者である金大中大統領の財団がビルマの民主化支援の国際的活動に取り組んだ。非営利団体ＡＬＴＳＥＡＮはマレーシアを拠点に、ビルマの民主化支援のための国際的なキャンペーンを展開した。ノルウェーのオスロからは、現地在住のビルマ人たちがノルウェー政府の支援を受けて開設したとされる放送局「民主ビルマの声」をつうじて軍政下の祖国の実態が短波放送と衛星テレビで世界に発信された。

日本でもいくつかの活動が立ち上げられた。民主化運動にかかわり弾圧され日本に逃れてきたビルマ人たちと日本の市民が1996年に設立したNGO「ビルマ市民フォーラム」は、民主化運動を支援するために彼らの日本での難民認定、日本社会のビルマ理解を深めるための講演会や情報提供、街頭デモ、外務省や国会議員へのロビー活動などをつづけた。労働組合の全国組織「連合」は、国際労働機関（ILO）が強制労働を理由にビルマ軍政への制裁を決定したことをうけて民主化支援活動に乗りだし、在日ビルマ人活動家らへの活動拠点の提供や傘下労組への啓発活動、国会議員らへのロビー活動をおこなった。それ以外にも各地で医療、日本語学習、住宅支援など在日ビルマ人たちの異国での日々の暮らしの手助けをするさまざまなボランティア活動がうまれた。ビルマ軍の攻撃を逃れてタイ国境にたどりついたビルマ難民たちの医療支援のために民主化運動活動家で女医のシンシアマウンが開設した「メータオ・クリニック」では、若い日本人医師や看護師らの姿もみられた。

各国市民たちのさまざまな活動は、「あなた方の享受する自由を私たちの自由獲得のために使ってください」というアウンサンスーチーの世界へのメッセージと響き合ったものといえる。

しかし、欧米の経済制裁、ASEANの建設的関与、グローバルな市民活動のいずれも、ビルマの民主化進展にはつながらなかった。経済は悪化し、軍とそのクローニー（政商）ら特権層と国民の貧富の格差が拡大した。ヤンゴンに事務所を開設した日本企業の撤退が相次ぐ。軍政の強力な後ろ盾となったのは中国だった。中国は国境を接するビルマから自国につうじる石油、天然ガスのパイプライン敷設や鉱山開発などのプロジェクトに多額の投資をして経済支援をおこなうとともに、欧米が国連安保理でもとめたビルマの人権弾圧問題の協議も阻止した。中国のライバルであるインドも、この地

中国が敷設する巨大な石油・天然ガスのパイプラインは子どもたちの格好の遊び場に（2012年3月、パガンの東南30キロ地点。宇崎真撮影）

域における中国の影響力拡大をけん制するために軍政への経済接近を図った。だが、地元住民を無視した中国の経済活動に対してビルマ国民は反発を強めていく。そして、こうした政治、経済、対外関係のこう着状態を打開する突破口を切りひらくことになったのが、２０１１年３月のテインセイン政権の発足だった。テインセインは軍人出身ながら大統領に就任するや軍政から民政への転換策をつぎつぎに打ち出していった。

　同政権は政治囚の釈放、言論の自由の推進を実現し、海外からの投資受け入れによる経済発展をめざした。民主化運動指導者アウンサンスーチーと「対話による和解」に合意し、彼女の率いる国民民主連盟（ＮＬＤ）も国政参加にうごきだす。２０１２年４月の国会議員補選でアウンサンスーチーが当選、ＮＬＤが圧勝する。欧米諸国は一連のうごきを民主化の前進と評価して経済制裁を解除、米国のクリントン国務長官につづいてオバマ大統領がビルマを訪問しテインセイン大統領とアウンサンスーチーと会談した。日本もＯＤＡの再開を約束し、２０１３年にはアウンサンスーチーを日本に招き、翌14年には安倍首相がビルマを訪問して民主化と経済改革への官民あげた日本の支援姿勢をテインセイン大統領に表明した。それとともに、日本の新聞やテレビでは「アジア最後のフロンティア」というキャッチフレーズでビルマがイメージされるようになり、欧米や日本をはじめとする外国企業のビルマ進出ラッシュが大きなニュースとして報じられるようになる。

軍政から民政への移管をへて、２０１６年3月についにアウンサンスーチー政権が誕生したことは、ビルマの再建はもとより同国と国際社会との新しい関係がいよいよ本格的な第一歩を踏み出したことを意味する。だが、前途は多難である。半世紀にわたる軍事独裁政権下で政治、経済、社会の隅々に巣食う病根を摘出するとともに国民の意識を変革しながら民主主義と経済発展の双方を軌道に乗せていくという大事業は、多くの国民の圧倒的な支持を受けてきたカリスマ的な指導者が政権の座についたからといって容易には進まないであろう。表舞台からは退いたものの依然として強大な政治的、経済的実権をにぎる軍部と彼らと結託して利権の甘い汁を吸いつづけてきた政商たちは、既得権益を脅かす改革には強く抵抗するであろう。アウンサンスーチーは軍と協調しながら新しい政策を進めていかざるをえない。これまでは反軍政でまとまっていた国民の声も多様化し自由な発言ができるようになったため、新政権の政策に対するさまざまな不満や批判が政治的な不安定をまねく事態も予想される。やっと世界に門戸を大きく開いた途上国がグローバルな市場経済の新たな草刈り場になってしまうのか、米中両大国のアジアにおける覇権争いの場に巻き込まれてしまうのか、よちよち歩きを始めた民主化社会のなかで人権の問題はどうなっていくのか。国際社会はあらためて対応を求められようとしている。

3　アウンサンスーチーの政治理念とエンゲージド・ブッディズム

国民の圧倒的な支持を集めてきた反体制の英雄が必ずしも国政の優れた政治指導者になれるとはかぎらないことは、多くの国で実証ずみである。アウンサンスーチーの政治家としての真価が問われるまでにはまだかなりの時間が必要だろう。ただ、彼女の政治理念、なぜ多くのビルマ国民がそれに共鳴して将来への希望を託したのかを確認しておくことは無駄ではない。

彼女に私が初めて会ったのは、彼女が軍事政権による最初の自宅軟禁を解かれ、6年ぶりに自由の身になった直後の1995年9月だった。ビルマの民主化運動の指導者として世界的に知られ、ノーベル平和賞受賞者でもある彼女が自国の今後をどのように考えているのかを知ろうと、世界中から多数のジャーナリストがヤンゴンを訪れた。毎日新聞記者の私もそのひとりだった。私はインタビューのあと、日本の読者のためにあなた方の民主化運動について連載エッセイを書いてもらえないかと彼女にきいた。

軍事政権による過酷な弾圧にくじけることなく、あくまで非暴力的な手段によって民主化を実現しようとするビルマの人びとの闘いに私は敬意と共感をいだいていた。私だけでなく、自由と平和を愛する世界中の人びとがアジアの貧しい小国の民主化運動をさまざまなかたちで支援していた。アウンサンスーチーへのノーベル平和賞授与もそのあらわれだった。では日本のジャーナリストにできることは何か。まずは、言論の自由を奪われた国の人びとの声をできるだけ広く世界に伝えるのが、言論の自由を保障された国のジャーナリストの責務であろう。現状をかんがえれば、そのためのもっとも有効な方法は彼女に闘いの同時進行ドキュメントを発信してもらうことだと、私は考えた。

執筆依頼のもうひとつの理由は、東南アジアの仏教国における民主化運動についてもっと深く知りたかったからだ。たしかに、民主主義と人権の尊重はグローバルな普遍的価値観だが、それをめざす闘いは世界各地のローカルな土壌のなかで展開されている。だとすれば、ビルマの民主化運動についても、それを抽象名詞としてではなく、この国独自の政治、歴史、文化、人びとの暮らしや価値観のなかで理解したい、というのが私の願いだった。また、日本では『ビルマの竪琴』（コラム参照）によって歪曲された国の本当のすがたを知ることで、人びとの苦悩に寄りそったかたちで共に平和な世界をつくっていくには何が必要なのかを発見できるかもしれない。

私の依頼を彼女は端整な顔に微笑を浮かべて快諾してくれ、1995年11月から『ビルマからの手紙』と題する連載が、週1回、毎日新聞とデイリー・マイニチ（英文毎日）に掲載されはじめた。そこには、ビルマの人びとが軍人による強権政治をなくそうとしてどのような闘いをつづけているのか、なぜ人びとはあふれる恐怖のなかでも笑顔をたやさずに暮らしているのかが、熱帯の国の折々の季節の変化や伝統的行事、歴史、人びとの日々の食べ物、ものの考え方などを織り交ぜながら、美しい文章でつづられていった。多忙な政治活動のなかで、西欧や日本の文化への深い理解としなやかな感性に裏打ちされたこまやかな人間と自然の観察、ユーモアとウィットをけっして失わない文章は、日本の読者におおきな感動をあたえると同時に、その一部は世界のメディアにも紹介されるようになった。

私が目をひらかされたことのひとつは、民主化運動と仏教のむすびつきである。

アウンサンスーチーが描いた菩薩像
（1980年作）

『ビルマからの手紙』は、彼女が自宅軟禁を解かれたあと最初に首都を離れたときの紀行ではじまった。目的地は東部にある寺院ターマニャ。そこは、「何十年も暴力が支配してきた土地の片隅に築かれた、たぐいまれな慈悲と平和の領地」として知られ、ビルマ全土から何千人もの巡礼者が師ウー・ウィナヤの説法を聴きにおとずれる。豊かな自然につつまれた領内では、道路建設はじめさまざまな事業がおとずれる人たちの心からの協力と思いやりの精神によって進められ、活気あふれる聖域をつくりあげることに成功している。

敬虔な仏教徒である彼女は、同師に教えを乞うたあとこう記す。「政治的文脈のなかで、慈愛（ミッター）や誠実（ティッサー）などについて語ることが果たして妥当かどうか疑問視する人もいる。しかし、政治とは人間にかかわることであって、私たちがターマニャで見てきたものは、慈愛と誠実がいかなる形の強制よりも人びとの心を強く動かすことができるということを証明した」。これが、彼女の政治哲学の基本姿勢であり、慈愛と誠実という仏教の教えは民主主義・人権と変わりないはずだとされる。

強権による経済開発をめざす軍事政権は、ビルマのような後発国にとって民主主義、人権は二の次の課題であり、にもかかわらず欧米的価値観である民主化、人権を叫ぶアウンサンスーチーたちはビルマの破壊をねらう欧米の手先であると非難する。これに対して彼女は、民主主義、人権はけっして欧米の独占的価値観ではなく、ビルマ国民の9割が信仰する仏教の教えのなかにもすでに同じことが説かれているではないかと反論する。だとしたら、強制ではなく仏教的精神にもとづいた発展の道、つまり国民の開発過程への自由な参加を保障する民主化こそ、ビルマの伝統にそくしており、それなしには健全で持続的な経済発展はのぞめないと主張する。現にターマニャは、そのような国づくりが可能であることを示している。

おなじことは、ノーベル賞の受賞理由である非暴力に徹した民主化の実現についてもいえる。この点については彼女の場合、インドの独立運動指導者マハトマ・ガンディーの不服従思想から影響をうけているといわれるが、非暴力・不殺生（アヒンサー）は仏教の基本的な教えである。だが、軍政指導者は政府を批判する人びとを暴力によって弾圧し、命を奪うことを辞さない。また仏教ではすべての人の平等が説かれているのに、軍政下で貧富の格差が進み、軍人を中心とするひと握りの特権層が富と権力を独占しようとしている。だとすれば、軍事政権こそビルマの伝統的な価値観から外れた政治をおこなっているのではないか。問われているのは、軍政と民主化勢力のどちらが仏教の真理に合致した政治をめざそうとしているのかであり、仏法（dharma）が政治的正当性の根拠とされている。民主主義、人権の尊重はけっして欧米の受け売りではないのである。

民主化運動と仏教との強いむすびつきは、2007年9月に起きた10万人規模の僧侶たちの反政府デモであらためて示された。ヤンゴンの目抜き道路を徒歩行進する僧侶たちが口にしていたのは「軍政打倒」のシュプレヒコールではなく、「慈経」の詩句だった。人間の宗教的実践、基本的原理として慈悲のたいせつさを強調する、仏教の最初期の経典は東南アジアの上座仏教圏では現在も重要視され、「慈しみ」は結婚式で僧侶が新郎新婦におくる祝福と説教のことばのひとつとなっている。僧侶たちの隊列が、三度目の自宅軟禁下にあるアウンサンスーチー邸にさしかかると、彼女は家の門をすこし開き、僧侶たちに両手を合わせた。その姿が市民の携帯電話におさめられ、軍政のきびしい情報規制をかいくぐり国内外に発信された。軍政批判と民主化支援の国際的な世論がさらに高まった。

彼女はビルマの発展のために海外からの投資が必要なことは認識している。だがそれは、手放しの外資歓迎ではない。『手紙』には、つぎの一節がある。

「自分たちの懐を豊かにしたいと思ってビルマにやってくるビジネスマンたちを観察していると、果樹園のなかであえかな美しさにひかれて蕾を乱暴にむしり取ってしまい、略奪された枝の醜さには目が行かず、その行為によって将来の実り多い収穫を危うくし、樹木の正当な持ち主に対して不正を働いているという事実に気づかない通りすがりの人を見ているようなところがある」

経済発展のパートナーにも、慈愛と誠実の精神が求められるということだと思う。

この連載開始とおなじ時期に米国人僧侶アラン・クレメンツとおこなった連続対話『希望の声』（邦訳・岩波書店）でも、彼女は「私は（仏教徒としての宗教的な生活と政治的な生活の）両者を分離したものとは見えません」と述べるともに、「民主主義のなかには、仏教徒が反対しなければならないようなものは、なにひとつありません」と言い切っている。また自分たちの運動を、ミッターを実践する「エンゲージド・ブッディズム」（engaged Buddhism、社会参画する仏教）と呼んでいる。

これらの発言や文章は軍政下でそれへの対抗原理として表明されたものであるが、この基本姿勢は彼女が国政の指導者となったあともかわっていないはずだ。問題は、内外のさまざまな利害と思惑が複雑にぶつかりあう現実政治の場で自己の理念をどこまで実現できるかである。国民の期待が大きいだけに、新政権が人びとの生活向上の実績を示せなければ失望も大きなものになるだろう。

4 新たな発展モデルは可能か

新政権の国家顧問兼外相に就任したアウンサンスーチーが外交の初舞台としたのは、4月5日の首都ネピドーでの中国の王毅外相との会談だった。軍政時代に蜜月関係にあった中国の存在感は、ビルマが民政移管後、欧米との関係を急速に改善していくなかで薄らいだ。それとともに、米国のオバマ政権は中国の経済、軍事分野での台頭に対抗するためアジア太平洋地域を重視する「リバランス（再均衡）」政策を進め、南シナ海問題で中国をけん制するだけでなく米国からの輸出の拡大先としてASEANとの連携を重要な柱としている。その一環としてビルマとの関係強化は欠かせない。中国としては米国との覇権争いで巻き返しを図るためにも、ビルマの新政権との良好な関係の構築は急務であり、アウンサンスーチー外相との会談を急いだものとみられる。

会談後の記者会見で、アウンサンスーチーは「中国の外相は新政権を祝福し、両国関係を強化するために訪れてくれた」と述べ、王毅は「インフラ整備などで協力し経済関係を強化したい」と語った。彼女は「ミャンマー外交の基本原則はすべての国と友好関係を築くことである」とも述べた。これは、軍政時代の一時期の対中傾斜をのぞけば「非同盟中立」が伝統的な対外政策であったことを再確認するとともに、経済発展をめざすには中国、欧米諸国、日本、ＡＳＥＡＮ諸国との等距離外交を展開していくことが重要であるとの認識をしめしたものである。

急成長した隣国中国との経済協力はビルマの発展にとって不可欠である。中国にとってもビルマは、対米戦略だけでなく経済戦略のうえでも重要なパートナーと位置づけられている。中国は軍政時代からの石油、天然ガスのパイプライン敷設や鉱山開発などにくわえ、「シルクロード経済圏構想」の一環とされる雲南省からビルマをぬけてインド洋にいたる鉄道や港湾建設を進めようとしており、ビルマの協力をもとめている。しかし、ビルマ国民は中国との経済協力に反発を強めている。中国の協力プロジェクトは地元住民の強制立ち退きなど住民を犠牲にして自国の経済利益を優先するものと映っているからだ。テインセイン前大統領は２０１１年、北部カチン州で中国企業が進めた水力発電型ダム「ミッソンダム」の建設を、「環境に悪影響がある」との国民の反対運動をうけて凍結した。その一方で、中部で中国企業が手がけるレッパダウン鉱山開発をめぐっては、住民の反対デモと警官隊が衝突して事業が一時停止となったが、２０１３年にアウンサンスーチーが委員長をつとめる調査委員会は「事業はつづけるべき」との判断を下したため、住民は人権の守護者と信じてきた彼女への失望感を隠さなかった。

ここで問われているのは、中国との経済協力だけにかぎらない、開発全般のあり方である。アウンサンスーチーの率いるＮＬＤ政権は基本的には市場経済の推進によるビルマの発展をめざしている。米国や欧州、日本、ＡＳＥＡＮの企業の参入によって、最大都市ヤンゴンは急速に経済が発展してきている。だがその恩恵にあずかれるのは、一握りの富裕層や軍との太いパイプでむすばれた新興企業だけで、貧富の格差が拡大し庶民の暮らしは悪くなるばかりなのが現状である。外資にとっての最大の魅力は安い労働力と潜在性に富む市場とされているが、その陰で劣悪な労働環境や長時間労働などの人権侵害が改善されないままであったとしたら、ビルマの経済発展もほかの後発国とおなじ道のりをたどることになりかねない。そして、こうしたグローバル経済の主導権を握っているのが米国である。米国の戦略は、環太平洋パートナーシップ協定（ＴＰＰ）にみられるように自国に有利な自由貿易のルールによって中国をのぞくアジアを米国型市場経済圏に組み込むことにあるが、それが一般市民にとってはけっして本当の豊かさにはつながらないとみて、この地域の国ぐにで多くの人びとがＴＰＰに反対の声をあげている。ビルマはＴＰＰの関係国ではないものの、いずれ新自由主義的経済政策の功罪への対応をもとめられることになろう。

その意味で、人権は依然としてこの国にとって大きな問題でありつづける。軍政時代のむきだしの人権弾圧は影を潜めたものの、こんどは開発と人権の両立という21世紀の国際社会全体で問われている共通の課題に立ち向かわなければならない。

では、日本は新生ビルマとどのような関係を築いていくべきなのか。安倍首相はビルマの民主化と経済改革への日本の官民あげた支援を約束し、アウンサンスーチーらも日本の経済協力への期待を表明している。新政権発足前の２０１６年１月にはＮＬＤの幹部や経済政策担当者が訪日した。だが、安倍政権がどこまで本気で首相の約束を果たそうとしているのかは疑問である。軍政時代から先進国のなかで突出して人権問題に冷淡だった日本が、文民政権が直面する開発と人権の問題に真剣に目を

アウンサンスーチーと談笑する筆者（2013年、毎日新聞社で）

むけることができるだろうか。日本が官民をあげて開発支援したヤンゴン郊外のティラワ工業団地では、移転をせまられる住民の反対運動が起きた。欧米メディアではビジネスと人権の問題として報じられ、住民代表が日本をおとずれて政府関係機関や国会議員らに実情を訴えるとともに問題解決への協力をもとめた。グローバル化が進む現在、企業は利潤追求だけでなく、企業の社会的責任（CSR）を果たすよう求める声を世界各地で無視できなくなっている。

ひらかれたビルマには企業だけでなく、海外のNGOなどの市民組織も増えた。医療、教育、貧困、少数民族などの問題に地道に取り組む日本人のすがたが各地でみられるようになった。また民主化の進展でビルマの多くの市民組織が自由に活動できるようになったため、地元の人びとと諸外国の市民との国際協力は活発になっている。だが、市民活動がすべて歓迎されるわけではない。

2013年の訪日のさい、アウンサンスーチーはビルマ市民フォーラムなどのNGO代表との意見交換で、政府レベルの経済協力だけでなく市民レベルの協力を重視したいと述べながらも、現在ビルマで増えてきている海外からのNGOやソーシャルビジネスの活動について、「実体は政治目的だったり、カネ儲けだったりが多い」と批判した。地域のニーズを理解せずに、〝支援〟の押しつけをしようとしている市民団体が少なくないということだろう。

ビルマの新しい時代をきりひらいていく主役はこの国の人びとである。諸外国の政府、企業、市民組織の役割はかぎられている。アウンサンスーチー政権の前途はけわしい。それでも、私はこのアジアの隣人の未来にかすかな希望を見出したい。それは、世界的にゆきづまりを見せている開発至上主義にかわる、人権、環境、ジェンダーなどと両立可能な新しい発展の道の追求であり、彼女が説く慈愛にみちた人間尊重の政治とはそのような可能性をねばり強く現実化していこうとするものではないだろうか。そのためには、国際社会の理解と支援は不可欠であろう。そして自由で平和な未来にむけてよちよち歩きを始めた国が健全に成長していけば、ビルマはこれからも世界に輝きを放ちつづけるだろう。逆に「アジア最後のフロンティア」のかけ声に巻き込まれて、そこそこの経済成長を達成するだけだとしたら、普通の後発国のひとつとしてふたたび世界から忘れられていくかもしれない。

コラム8

『ビルマの竪琴』

竹山道雄の小説『ビルマの竪琴』は、戦争と平和の名作として戦後の日本で高い評価を受けてきた。

物語の舞台はビルマ戦線。日本軍部隊の隊長は若い音楽家で、戦場で兵隊たちに熱心に合唱を教えた。愛唱歌は「埴生の宿」「庭の千草」などだった。すでに停戦が成立していたことを知らない部隊は、「はにゅうの宿」の合唱をおえて隊長の突撃命令を待つ。すると、森のなかから歌声が聞こえてくる。おなじ曲の英語「ホーム・スイート・ホーム」である。それがイギリス兵たちの合唱だとわかった日本兵は、武器をおき、日本語で唱和する。まもなく、敵も味方もなくなり、両軍兵士が手を握る。部隊の帰国がせまったある日、収容所の柵の外に肩に竪琴をかついだビルマ僧が立っているのに隊員が気づく。僧は卒業式の別れの歌「あおげばとうとし……」の曲を琴で弾きはじめる。ビルマ僧は、ある戦闘で行方不明となった戦友の水島にちがいない、と気づいた兵士たちは「水島。いっしょに日本へかえろう！」と叫ぶが、僧は日本兵にむかって頭をさげ、姿を消してしまう。後日、水島から隊長と戦友に宛てた手紙が届く。彼は、ビルマで白骨と化した亡き戦友の霊を弔うために自分は帰国せず、僧となって修行をつみたいとの心情をしるしていた。

この作品は児童雑誌『赤とんぼ』に1947年から掲載され、完結後まもなく本となった。48年に毎日出版文化賞、1950年に文部大臣賞を受賞し、国語の教科書にもながく収録された。市川昆監督によって1956年と1985年の二度映画化され、ヴェネツィアの国際映画祭でサン・ジョルジオ賞受賞（1956年）、アカデミー賞の外国語映画賞の候補（1957年）、国際エジンバラ映画祭でローレル・メダル授与（同）、日本映画金賞受賞（1985年）など高い評価をえた。毎日出版文化賞の受賞理由は、「国境を越えた人類愛をうたい、ビルマの風俗なども面白く描かれている」とされる。最初の日活映画の広告には、「美しい竪琴の音に理想と祈りをこめて全世界に訴える人類愛の歌ごえ！」という謳い文句がおどっている。原作、映画とも、多くの日本人に大きな感動をあたえた。

しかし、原作と映画にはいくつかの批判もなされている。戒律の厳しいビルマの上座仏教において、僧は歌舞音曲を禁じられており、琴を奏でることはありえない。だが、そのような一国の文化の根幹への基本的な無理解なしには、この「名作」は成り立たないのである。また、水島が弔おうとするのは日本兵だけであり、日本の戦争によって殺されたビルマ人の霊についてはなにも考えられていない。そもそも小説では、なぜ日本兵がビルマにいるのかも不明である。日本の軍政下で苦しむビルマの人びとは、それを仏教の教えによって運命として甘受しているかのように扱われる。

映画『ビルマの竪琴』は、いまだにビルマでは上映をゆるされていない。ビルマの教科書で日本兵は、「ファシスト日本兵」と書かれている。

映画が再映画化された翌年、日本のシナリオ作家協会が中国のシナリオ作家を招いて東京でシンポジウムをおこなったさい、中国のシナリオ作家たちは「反戦平和」の古典的名作をこう批判した。「これは侵略軍の兵士の鎮魂の映画にすぎないのではないか、日本人はただその程度のことを反戦的な表現だと思っているのだろうか、侵略された側のことを考えないのだろうか！」

日本人がビルマの実像とはかけ離れた、一方的なイメージにもとづいて平和と鎮魂をうたいあげた『ビルマの竪琴』と、ビルマへの一面的な理解と思惑を先行させて日本の貢献を論じがちな「アジア最後のフロンティア」論には、相通じる点がないだろうか。

（永井　浩）

ミャンマー民主化への歩み

1948年　英国から主権を回復
1962年　ネーウィン将軍がクーデターで実権掌握、軍事独裁体制確立
1988年　民主化運動が全土に拡大
　　　　国民民主連盟（NLD）結成、アウンサンスーチーが書記長に
　　　　国軍がクーデターで実権掌握、軍事政権発足
1989年　アウンサンスーチーを自宅軟禁（～95年）
1990年　総選挙でNLDが圧勝。軍政は政権移譲を拒否
1991年　アウンサンスーチーにノーベル平和賞
2000年　アウンサンスーチー、2回目の自宅軟禁（03年から3度目の自宅軟禁）
2007年　僧侶が10万人規模の反政府デモ、軍が弾圧
2008年　国民投票で新憲法を承認
2010年　総選挙で軍政側政党が圧勝。アウンサンスーチーの軟禁解除
2011年　民政移管し、テインセイン大統領が就任
　　　　アウンサンスーチーと初会談し「対話で和解」に合意。政治囚の釈放、言論の自由推進、海外からの投資受け入れによる経済発展めざす
　　　　クリントン米国務長官がミャンマー訪問
2012年　NLDが国政参加。下院補選でアウンサンスーチー当選
　　　　アウンサンスーチー、オスロでノーベル平和賞受賞演説
　　　　オバマ米大統領がミャンマー訪問。米国が経済制裁解除、日本がODA再開へ。EUが経済制裁解除へ
2013年　アウンサンスーチー来日。安倍首相ミャンマー訪問
2015年　民政移管後初の総選挙でNLDが圧勝
2016年　議会でティンチョー新大統領を選出、NLD文民政権発足
　　　　アウンサンスーチーが国家顧問兼外相に就任

おわりに

アウンサンスーチー政権の誕生は、暴力の応酬が各地で血なまぐさい混迷を招いている現代世界において、非暴力によって「自由で平和な世界」（彼女のノーベル平和賞受賞記念スピーチ）への道を切り拓いていくことが可能なのだという事実をしめしたものと、私は理解している。だとしたら、この希望の芽を育てていく努力は、ミャンマー（ビルマ）の人びとだけではなく私たち日本人の一人ひとりにも求められているといえよう。

日本政府はミャンマーの民主化進展にむけた日本の支援を約束している。今年5月にアウンサンスーチー国家顧問兼外相と初会談した岸田文雄外相は、新政権が推進する民主化や経済発展を「官民挙げて全面的に支援」していく意向を伝えた。スーチー氏は同国の長期的な経済発展に資する雇用創出や農業分野への支援に対する期待を表明した。ただ、会談後の共同記者会見でスーチー氏は、これまでの日本からの支援については、「日本国民」の気持ちを大切にしていると述べ、政府という表現は使わなかった。民主化運動に対する軍政の弾圧に国際社会が批判の声を強めるなかで、日本政府は基本的に軍政擁護の姿勢を維持してきたからであろう。

民主主義国家にあるまじき日本政府の態度は、国内のメディアにも向けられた。毎日新聞の木戸湊・元主筆によると、1995年から同紙に開始されたスーチー氏の連載『ビルマからの手紙』（本書第7章参照）について、外務省は「日本―ミャンマー関係がこじれる。ひいては日中関係にも悪影響を及ぼす」と再三にわたって連載の中止を要請してきたという。在日ミャンマー大使館も抗議に来社した。当時編集局長だった木戸氏は、「『毎日』は民主主義を大切にする新聞である」と言って、彼らの要求を突っぱねた。

私たちが本気でアジアの隣人の新しい発展を願っているのなら、日本政府は同じような過ちを繰り返してはならないが、安倍晋三政権にそのような気構えがあるのかどうか懸念される。なぜなら、現政権は自分の国の民主主義を逆行させる方向に突き進もうとしているからだ。ミャンマーの人びとは、これからも非暴力に徹して粘り強く国家の再生をめざしていくであろう。彼らへの民主化支援をリップサービスに終わらせないようにするには、私たちは同時に日本の民主主義の危機を阻止する努力も惜しむべきではない。そのためには、アジア太平洋戦争時代にさかのぼる日本とミャンマーの独自の歴史的関係も踏まえながら、グローバル社会の一員として一人ひとりが市民レベルでの真の相互理解と友好を進めていくことが必要である。

本書は、ミャンマーと日本が新しい時代にむけて前進していかなければならない段階を迎えた節目にあたって、これまで様々な分野でミャンマーと関わってきた方々が各自の知見に基づいてこれからの課題を提示したものである。日本人だけの視点に偏るのを避けるため、スーチー氏と並ぶ民主化運動の指導者であるミンコーナイン氏にも寄稿をお願いし快諾を得ていたが、氏の多忙により原稿が締め切りまでに間に合わず、残念ながら編著者の田辺寿夫が、今年2月にヤンゴンでおこなった彼との対話をもとに88世代がめざす目標と活動の近況をまとめた（第6章コラム7）。

さいわい、ミャンマー関係の本は増え、テーマも多岐にわたってきている。本書とあわせて読んでいただければさいわいである。

このようなタイムリーな本を企画し、スムーズな編集作業を進めていただいた明石書店の神野斉編集部部長にこころより感謝したい。

「８８８８」民主化運動28周年にあたる２０１６年８月８日

永井　浩

ウンサンスーチー演説集』（みすず書房、1996年）など。

宇崎　真（うざき　まこと）第３章執筆
ジャーナリスト。日本電波ニュースのハノイ特派員、バンコク支局長、報道部長、報道担当役員等歴任。1993年、フリーランスに。ベースをバンコクに移しアジア・ウオッチを設立し代表。日本の他、欧米・韓国等のテレビ報道、ドキュメンタリー番組の現場取材に従事。アジアを舞台にした国際的な事件、紛争、社会問題を取材。

髙橋　昭雄（たかはし　あきお）第４章執筆
東京大学東洋文化研究所教授。京都大学経済学部卒業後、アジア経済研究所入所。1986～88年ラングーン外語学院学生、93～95年農業省上級研究員としてミャンマーに滞在。これらの期間以外にもほぼ毎年、ビルマ語を駆使して農村を調査。96年アジア経済研究所退職、東京大学東洋文化研究所助教授。2002年同教授。博士（経済学）。主な著書に『ビルマ・デルタの米作村――「社会主義」体制下の農村経済』（アジア経済研究所、1992年）、『現代ミャンマーの農村経済――移行経済下の農民と非農民』（東京大学出版会、2000年）、『ミャンマーの国と民――日緬比較村落社会論の試み』（明石書店、2012年）など。
URL: http://www.ioc.u-tokyo.ac.jp/faculty/prof/takahashi.html

【編著者紹介】

永井　浩（ながい　ひろし）　第７章執筆

神田外語大学名誉教授。毎日新聞バンコク特派員、外信部編集委員などを経て神田外語大学教授として教鞭をとった。主な著書に『される側から見た「援助」――タイからの報告』（勁草書房、1983年）、『戦争報道論――平和をめざすメディアリテラシー』（明石書店、2014年）、共訳書にアウンサンスーチー『ビルマからの手紙』（毎日新聞社、1996年）など。

田辺　寿夫（たなべ　ひさお）　第６章執筆

フリージャーナリスト。大阪外国語大学ビルマ語学科卒業後、ＮＨＫ国際放送局で国際放送ビルマ語ラジオ番組の制作を担当した。シュエバ（ビルマ名）として在日ビルマ人の活動に加わっている。主な著書に『ビルマ民主化運動1988』（梨の木舎、1989年）、『ビルマ　「発展」のなかの人びと』（岩波書店、1996年）、『負けるな！　在日ビルマ人』（梨の木舎、2008年）など。

根本　敬（ねもと　けい）　第５章執筆

上智大学総合グローバル学部教授。東京外国語大学教授を経て現職。専門はビルマ近現代史。主な著書に『アウンサンスーチーのビルマ』（岩波書店、2015年）、『物語ビルマの歴史』（中公新書、2014年）、『抵抗と協力のはざま――近代ビルマ史のなかのイギリスと日本』（岩波書店、2010年）など。

【執筆者紹介】（掲載順）

五十嵐　誠（いがらし　まこと）　第１章執筆

朝日新聞ヤンゴン支局長。一橋大学大学院社会学研究科博士課程中退。大学院在学中にヤンゴン外国語大学ビルマ語科に２年間留学。2002年朝日新聞社入社。イスラマバードとニューデリーの特派員を経て現職。著作に「少数民族と国内和平」工藤年博編『ポスト軍政のミャンマー』（アジア経済研究所、2015年）がある。

伊野　憲治（いの　けんじ）　第２章執筆

北九州市立大学基盤教育センター教授。一橋大学大学院社会学研究科博士課程修了（博士［社会学］）。1988年3月より1991年2月まで、在ミャンマー日本国大使館にて専門調査員として現地調査にあたる。主な著書に『ビルマ農民大反乱（1930~1932年）――反乱下の農民像』（信山社、1998年）、『アウンサンスーチーの思想と行動』（アジア女性交流・研究フォーラム、2001年）、編訳書に『ア

「アウンサンスーチー政権」のミャンマー
——民主化の行方と新たな発展モデル

2016年10月7日　初版第1刷発行

編著者　永井　浩
田辺寿夫
根本　敬
発行者　石井昭男
発行所　株式会社 明石書店

〒101-0021 東京都千代田区外神田6-9-5
電話　03（5818）1171
FAX　03（5818）1174
振替　00100-7-24505
http://www.akashi.co.jp

組版　朝日メディアインターナショナル株式会社
装幀　明石書店デザイン室
印刷／製本　モリモト印刷株式会社

（定価はカバーに表示してあります）　ISBN978-4-7503-4407-2

◆世界の教科書シリーズ◆